D1664397

Rudolf Baumbach

Bin ein fahrender Gesell

Herausgegeben und zusammengestellt
von Andreas Seifert

Fotografien
von Manfred Koch

Staatliche Museen Meiningen

Heinrich-Jung-Verlagsgesellschaft mbH
Zella-Mehlis / Meiningen

Heinrich-Jung-Verlagsgesellschaft mbH
Forstgasse 1
D–98544 Zella-Mehlis
Tel./Fax: 03682/41884

Herausgeber und Verlag danken den Staatlichen Museen Meiningen, deren freundliche Unterstützung die Zusammenstellung der Texte und Fotografien ermöglichte.

Der Herausgeber dankt weiterhin dem Landratsamt Schmalkalden / Meiningen,
Uwe Klein/Meiningen, Petra und Sven Sawade / Meiningen für die freundliche
Unterstützung bei der Herausgabe des Buches.

Alle abgebildeten Gemälde, Plastiken, Autographen etc. befinden sich im Besitz
der Staatlichen Museen Meiningen.

Das Original des Baumbach-Autographen, S. 84, befindet sich im Besitz des
Thüringischen Staatsarchivs Meiningen.

Fotonachweis: Manfred Koch / Staatliche Museen Meiningen (28)
              Thüringisches Staatsarchiv Meiningen (1)
Heinrich-Jung-Verlagsgesellschaft mbH
Zella-Mehlis/Meiningen 1995
1. Auflage, Plauen 1995
Gesamtherstellung: SATZART Plauen
Umschlaggestaltung: Andreas Seifert

ISBN 3-930588-21-8

Inhaltsverzeichnis

Rudolf Baumbach und seine Zeit

Zum Geleit

„Hoch auf dem gelben Wagen" – wer hat diese Weise nicht schon einmal gehört? Viele halten sie für ein altes Volkslied, einige wenige schreiben sie gar dem einstigen deutschen Bundespräsidenten Walter Scheel zu, der als Interpret dieses Titels im Jahr 1973 vordere Hitparadenplätze belegte. Kaum jemand weiß, daß die Musik erst 1922 von dem Berliner Apotheker Heinz Höhne komponiert wurde. Etwas älter ist indes der Liedtext: Er entstand am 15. Juli 1879 in Triest, und sein Verfasser hieß Rudolf Baumbach.

Der Dichter Rudolf Baumbach ist dem heutigen Leser kaum noch ein Begriff. Vor etwa hundert Jahren aber gehörten Baumbachs Gedicht- und Prosabändchen ebenso wie seine Versepen zur Lieblingslektüre breiter Bevölkerungsschichten. Viele seiner Werke wurden in andere Sprachen übersetzt, und die Melodiösität der Baumbachschen Dichtungen regte zahlreiche Komponisten zu Vertonungen an.

Über die Jahrzehnte aber gerieten der Dichter und sein literarisches Werk mehr und mehr in Vergessenheit. 1924 gründete man in seiner Heimatstadt Meiningen in Thüringen eine Baumbachgemeinde. Diese hatte sich zur Aufgabe gemacht, die Erinnerung an den Schriftsteller wachzuhalten. Die Baumbach-Gemeinde konnte dabei einige Erfolge verzeichnen: 1924 erschien mit ihrer Hilfe die erste umfangreiche Biographie des Dichters, und sechs Jahre später wurde ihm in Meiningen ein Denkmal gesetzt. Auch war die Gemeinde maßgeblich an der Ausgestaltung des einstigen Wohnhauses von Rudolf Baumbach zu einer Gedächtnisstätte beteiligt. Heute ist das Baumbachhaus als regionales Literaturmuseum Bestandteil der Staatlichen Museen Meiningen. In ihm wird der Nachlaß des Dichters aufbewahrt, erforscht und der Öffentlichkeit zugänglich gemacht. Ein Problem ergab sich jedoch für Besucher des Hauses, die nicht nur von dem Dichter erfahren, sondern auch in seinen Schriften lesen wollten. Abgesehen von einer Neuauflage des „Zlatorog" durch den Münchner Trofenik-Verlag im Jahre 1968 sowie der Herausgabe zweier Prosa-Auswahlbände durch Verlage der DDR in den achtziger Jahren hatte der deutsche Buchmarkt über Jahrzehnte keine Baumbach-Literatur zu bieten. Interessenten mußten ihr Glück in Antiquariaten versuchen, um dort vielleicht ein altes Goldschnitt-Bändchen des einstigen Baumbach-Verlegers Liebeskind zu ergattern. Den Anfang bei der Füllung dieser Marktlücke machten die Staatlichen Museen Meiningen, als sie vor etlichen Jahren Baumbachs „Lied vom Hütes" neu herausgaben. Einen verdienstvollen Beitrag leistete danach der 1990 gegründete Förderverein Baumbachhaus Kranichfeld e.V., welcher 1993 eine Sammlung von Baumbach-Gedichten veröffentlichte.

Das dem Leser nun vorliegende Buch darf den Anspruch erheben, der erste repräsentative Baumbach-Querschnittband zu sein. Alle drei Schaffensgebiete des Dichters – Lyrik, Prosa und Versepik – sind in ihm enthalten. Zudem ist der Band angereichert durch historisches Bildmaterial, Briefwechsel sowie Erinnerungen und Aussagen von Zeitgenossen Rudolf Baumbachs. Dies ermöglicht es dem Leser, sich sowohl in die Persönlichkeit des Dichters, als auch in seine Lebens- und Schaffensumstände einzufühlen. Am Ende des Buches finden sich eine Aufzählung von Baumbachs Werken sowie Hinweise auf weiterführende Sekundärliteratur. Die ursprüngliche Orthographie der historischen Buchausgaben sowie der Briefe wurde beibehalten. Ich wünsche dem Leser eine interessante und unterhaltsame Begegnung oder Wiederbegegnung mit dem „fahrenden Gesellen" Rudolf Baumbach!

Andreas Leipelt Meiningen

Zur Person

Rudolf Baumbach wurde am 28. September 1840 im südlich von Weimar gelegenen Städtchen Kranichfeld geboren. 1842 ernannte der Meininger Herzog seinen Vater zum Hofmedicus, und die Familie übersiedelte in die Residenzstadt an der Werra. Hier besuchte Rudolf Baumbach das Gymnasium.

Nach bestandenem Abiturexamen begann Baumbach 1860 ein Studium der Naturwissenschaften in Leipzig, welches er 1863 in Würzburg fortsetzte. 1864 promovierte Baumbach in Heidelberg zum „Dr. phil." und bekam eine Assistentenstelle am Botanischen Institut in Freiburg im Breisgau. Ein Jahr darauf gab er – wahrscheinlich aufgrund von Geldsorgen – diese Stelle auf.

Von 1865 bis 1869 schlug sich Rudolf Baumbach als Privatgelehrter ohne dauerhafte Anstellung durchs Leben. Wien, Graz, Brünn und Görz waren Stationen seiner Wanderschaft. 1870 ließ er sich als Hauslehrer in der damals österreichischen Hafenstadt Triest nieder. Als leidenschaftlicher Botaniker durchstreifte Baumbach von hier aus den Karst sowie die Julischen Alpen und trat 1872 dem Deutschen und Österreichischen Alpenverein bei. Für dessen Triester Vereinsblatt „Enzian" verfaßte der Hauslehrer-Poet zahlreiche Gedichte, auf welche der Leipziger Verleger Liebeskind aufmerksam wurde. Liebeskind nahm Baumbach unter Vertrag und gab seit Mitte der siebziger Jahre dessen Dichtungen heraus. 1877 gelang Rudolf Baumbach mit dem Versepos

„Zlatorog", welches auf einer slowenischen Alpensage fußt, der Durchbruch als Schriftsteller. 1881 gab er seine Hauslehrertätigkeit auf und lebte fortan als freiberuflicher Schriftsteller.

In jenen Jahren entwickelte sich eine freundschaftliche Beziehung zu dem steierischen Literaten Peter Rosegger, in dessen Zeitschrift „Heimatgarten" etliche Gedichte und Erzählungen Baumbachs abgedruckt wurden.

1885 lernte der Dichter im Gebirgsort Tarvis das Kopenhagener Schriftstellerehepaar Emmy und Holger Drachmann kennen. Emmy Drachmann übersetzte Baumbachs „Sommermärchen" ins Dänische.

1885 kehrte Rudolf Baumbach in sein Meininger Elternhaus zurück. Doch immer wieder führten den „fahrenden Gesellen" ausgedehnte Reisen in die Alpen, aber auch nach Italien, Griechenland, Nordafrika und Dänemark. In Meiningen pflegte der Dichter freundschaftlichen Umgang mit dem „Theaterherzog" Georg II. und dessen Gattin Helene von Heldburg. 1888 bekam Baumbach vom Herzog den Titel „Hofrat" verliehen. 1889 wurde er zum Hauspoeten der Gabelbach-Gemeinde von Ilmenau (Thüringer Wald) ernannt.

1895 erlitt Rudolf Baumbach einen Schlaganfall, der ihn weitgehend lähmte und seinem literarischen Schaffen ein Ende bereitete. Nach zehnjährigem Siechtum starb der populäre Dichter am 21. September 1905 in seinem Wohnhaus in der Burggasse 22.

Das Geburtshaus Rudolf Baumbachs in Kranichfeld.

Luise Baumbach, die Mutter des Dichters, Aquarell von Samuel Diez aus dem Jahr 1838.

Der Vater Karl Julius Baumbach, aquarellierte Kohlezeichnung von Gabriel Jaeger, o. J.

Lyrik

Bin ein fahrender Gesell

Bin ein fahrender Gesell,
Kenne keine Sorgen.
Labt mich heut der Felsenquell,
Thut es Rheinwein morgen.
Bin ein Ritter lobesan,
Reit' auf Schusters Rappen,
Führ' den lockren Zeisighahn
Und den Spruch im Wappen:
 Lustig Blut und leichter Sinn,
 Hin ist hin, hin ist hin.
  Amen.

Zieh' ich in ein Städtchen ein,
Spür' ich's im Gehirne,
Wo man trifft den besten Wein
Und die schönste Dirne.
Spielmann lächelt wohlgemuth,
Streicht die Fiedel schneller,
Und ich werf' ihm in den Hut
Meinen letzten Heller.
 Lustig Blut und leichter Sinn,
 Hin ist hin, hin ist hin.
  Amen.

Meister Wirth, darfst heut nicht ruh'n,
Schlag' heraus den Zapfen!
Back', Frau Wirthin, mir ein Huhn
Und zum Nachtisch Krapfen!
Was ich heut nicht zahlen kann,
Zahlen will ich's künftig,
Darum schreib's mit Kreide an,
Wirth, und denk' vernünftig:
 Lustig Blut und leichter Sinn,
 Hin ist hin, hin ist hin.
  Amen.

Wein' dir nicht die Aeuglein trüb,
Mägdelein, vor Trauer!
Fahrender Gesellen Lieb'
Ist von kurzer Dauer;
Fahrender Gesellen Lieb'
Endet vor den Thoren.
Wein' dir nicht die Aeuglein trüb,
Hast nicht viel verloren.
        Lustig Blut und leichter Sinn,
        Hin ist hin, hin ist hin.
                Amen.

Kommt ein Stern mit einem Schwanz,
Will die Welt zertrümmern,
Leiert euren Rosenkranz,
Mich soll's wenig kümmern.
Wird dem Weltenbrand zum Raub
Berg und Wald und Haide,
Wird das Wirthshaus auch zu Staub,
Schwarzes Bret und Kreide.
        Lustig Blut und leichter Sinn,
        Hin ist hin, hin ist hin.
                Amen.

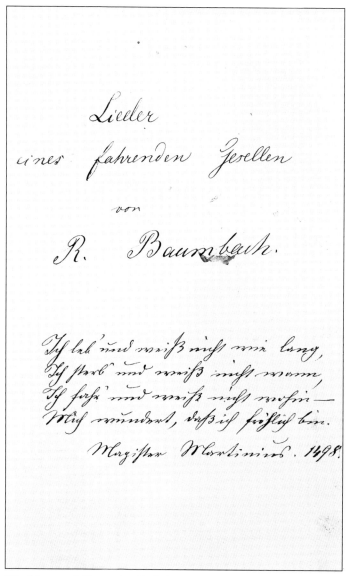

Titelblatt und Motto der Gedichtsammlung „Lieder eines fahrenden Gesellen":

> „Ich leb' und weiß nicht wie lang,
> Ich sterb' und weiß nicht wann,
> Ich fahr' und weiß nicht wohin –
> Mich wundert's, daß ich fröhlich bin.
> Magister Martinius 1498."

15

1

Bin im fahrenden Gesell, ...

Trink' ich Wasser ...

Bin ein Ritter ...
Reit' auf ...
...
Und den ... im ...
   Lustig Blut und leichter Sinn,
   Her ist hin, hin ist hin.
      Amen.

Zieh' ich in ein ... ein,
...
...
Und die schönste ...
...
...
Und ich ...
Meinen letzten ...
   Lustig Blut und leichter Sinn,
   Her ist hin, hin ist hin.
      Amen.

Lieber Wirth, brauch' hab' nicht mehr,
Scherz' herum den Zechen;
Laßt Frau Wirthin, mir mich gehn
Und zum Nächsten rechen.
Was ich hab' nicht zahlen kann,
Zahlen will ich's künftig.
Darum schreib's mit Kreide an
Wirth, und seid vernünftig.
  Lustig Blut und leichter Sinn,
  Her ist her, her ist her.
    Amen.

Wenn' dir nicht die Aeuglein trüb,
Mägdelein vor Tränen.
Liebst andre Gesellen lieb
Ist von Herzen Deine.
Liebst andre Gesellen lieb
Suchst vor den Thoren,
Wenn' dir nicht die Aeuglein lieb,
Hast nicht viel verloren.
  Lustig Blut und leichter Sinn,
  Her ist her, her ist her.
    Amen.

23. 6. 76.

Autograph „Bin ein fahrender Gesell", geschrieben in Triest am 23. Juni 1876.

Rudolf Baumbach als fahrender Geselle. Aufnahme aus den 1860er Jahren.

Die Lindenwirthin

Keinen Tropfen im Becher mehr
Und der Beutel schlaff und leer,
Lechzend Herz und Zunge. -
„Angethan hat mir's dein Wein,
„Deiner Aeuglein heller Schein,
„Lindenwirthin, du junge!"

„Angekreidet wird hier nicht,
„Weil's an Kreide uns gebricht,"
Lacht die Wirthin heiter.
„Hast du keinen Heller mehr,
„Gieb zum Pfand dein Ränzel her,
„Aber trinke weiter!"

Tauscht der Bursch sein Ränzel ein
Gegen einen Krug voll Wein,
Thät zum Gehen sich wenden.
Spricht die Wirthin: „Junges Blut,
„Hast ja Mantel, Stab und Hut;
„Trink und lass dich pfänden!"

Da vertrank der Wanderknab
Mantel, Hut und Wanderstab,
Sprach betrübt: „Ich scheide.
„Fahre wohl du kühler Trank,
„Lindenwirthin jung und schlank,
„Liebliche Augenweide!"

Spricht zu ihm das schöne Weib:
„Hast ja noch ein Herz im Leib;
„Lass mir's, trauter Wandrer!"
Was geschah? - Ich thu's euch kund:
Auf der Wirthin rothem Mund
Brannte heiss ein andrer.

Der dies neue Lied erdacht,
Sang's in einer Sommernacht
Lustig in die Winde.
Vor ihm stand ein volles Glas,
Neben ihm Frau Wirthin sass
Unter der blühenden Linde.

Heim

Bin durch die Alpen gezogen,
Wo die Lawine rollt,
Sah, wie in Meereswogen
Tauchte der Sonne Gold.
Aber freudig ich tauschte
Alpen und Meeresstrand
Für das Tannen-durchrauschte
Nordische Heimatland.

Schlösser sah ich und Thürme,
Schimmernd und marmorweiss,
Dunkeler Pinien Schirme
Wiegten im Wind sich leis,
Aber schöner und besser -
Lacht mich immerhin aus -
Als die Marmorschlösser
Dünkt mich mein Vaterhaus.

Mägdlein durfte ich kosen,
Schlank und liliengleich,
Frauen wie volle Rosen,
Ueppig und anmuthreich;
Lilie aber und Rose
Werden von der besiegt,
Die mich als Knaben im Schose
In den Schlaf gewiegt.

aus: Lieder eines fahrenden Gesellen

Jeder nach seiner Art

Nie werden Trauben süss und schwer
An Haselbüschen reifen,
Der Distelfink lernt nimmermehr
Wie eine Drossel pfeifen.

Sehnsüchtig klagt im Hollerstrauch
Das Nachtigallenmännchen,
Ich singe nach Vagantenbrauch
Beim Klapp der Deckelkännchen.

Der feilt an einer Elegie,
Der schmiedet eine Fabel,
Ich singe in die Winde, wie
Gewachsen mir der Schnabel.

Ich hab's gelernt im grünen Wald
Beim Rauschen alter Föhren,
Und wem mein Singsang nicht gefallt,
Der braucht nicht zuzuhören.

Der Wagen rollt

Hoch auf dem gelben Wagen
Sitz' ich bei'm Schwager vorn.
Vorwärts die Rosse jagen,
Lustig schmettert das Horn.
Berge und Wälder und Matten,
Wogendes Aehrengold. -
Möchte wohl ruhen im Schatten,
Aber der Wagen rollt.

Flöten hör' ich und Geigen,
Kräftiges Bassgebrumm;
Lustiges Volk im Reigen
Tanzt um die Linde herum,
Wirbelt wie Laub im Winde,
Jubelt und lacht und tollt. -
Bliebe so gern bei der Linde,
Aber der Wagen rollt.

Postillon an der Schenke
Füttert die Rosse im Flug;
Schäumendes Gerstengetränke
Bringt uns der Wirth im Krug.
Hinter den Fensterscheiben
Lacht ein Gesichtchen hold. -
Möchte so gern noch bleiben,
Aber der Wagen rollt.

Sitzt einmal ein Gerippe
Hoch auf dem Wagen vorn,
Trägt statt Peitsche die Hippe,
Stundenglas statt Horn -
Ruf' ich: „Ade ihr Lieben,
Die ihr noch bleiben wollt;
Gern wär' ich selbst noch geblieben,
Aber der Wagen rollt."

Der Wagen rollt.

Hoch auf dem gelben Wagen
Sitz ich beim Schwager vorn.
Vorwärts die Rosse jagen,
Lustig schmettert das Horn.
Berge und Wälder und Matten,
Blühendes Ährengold! —
Möchte wohl ruhen im Schatten,
Aber der Wagen rollt.

Flöten hör ich und Geigen,
Kräftiges Bassgebrumm;
Lustiges Volk im Reigen
Tanzt um die Linde herum,
Wirbelt wie Laub im Winde
Jubelt und lacht und tollt. —
Bleiben gern bei der Linde,
Aber der Wagen rollt.

Postillon an der Schenke
Füttert die Rosse im Flug,
Schäumendes Gerstengetränke
Bringt uns der Wirth im Krug.
Hinter den Fensterscheiben
Lacht ein Geschiedenes Feld; —
Möchte so gern noch bleiben,
Aber der Wagen rollt.

Handschrift „Der Wagen rollt". Geschrieben in Triest am 15. 7. 1879.

Alt geworden

Grüss Gott zur guten Stunde
Mit deinen Dächern gebräunt,
Mein Heimatnest im Grunde,
Von grünem Gehege umzäunt!

Dort geht gleich einer Schlange
Der Fluss wie einst so heut,
Mit wohlbekanntem Klange
Begrüsst mich der Glocken Geläut.

Hier springt der Röhrenbronnen,
An dem ich so oft geschöpft;
Hier hab' ich Schlachten gewonnen
Und rothe Disteln geköpft.

Noch steht, die graue Rinde
Zerrissen und narbenreich,
Die hundertjährige Linde
Einer Urgrossmutter gleich.

Die Zweige rauschen leise
Ihr ewig gleiches Lied,
Und Meister Uhlands Weise
Durch meine Seele zieht:

O Sonn', o ihr Berge drüben,
O Feld und o grüner Wald,
Wie seid ihr so jung geblieben
Und ich bin worden so alt!

Jung geblieben

Willkommen, willkommen ihr Lieben
Gesellen und Freunde mein!
Hab' lange herum mich getrieben,
Will wieder zu Hause sein.

Will nun in eurer Mitte
Von meinen Fahrten ruh'n;
Wir wollen nach alter Sitte
Beim Becher uns gütlich thun.

Ich bring' euch neue Lieder
Wohl hundert oder mehr,
Ich bring' aus der Fremde wieder
Meine alte Kehle her.

Durch Motten, Rost und Schimmel
Ist ihr kein Leid gescheh'n. -
Jetzt sollen die Engel im Himmel
Ihr blaues Wunder seh'n!

Ihr senkt verlegen die Köpfe,
Ihr stottert von Kind und Frau;
In euren Löchern der Knöpfe
Da schimmert es roth und blau.

Ihr hockt bei Kunkel und Spindel -
Das ist der Lauf der Welt -
Und spart für Wiege und Windel
Hausväterlich euer Geld.

Ihr thut nach Titeln und Orden
Manch listigen Katzensprung. -
Wie seid ihr so alt geworden
Und ich geblieben so jung!

**aus: Neue Lieder eines fahren-
den Gesellen**

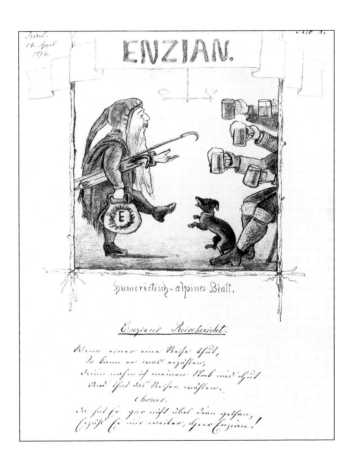

In der Dreherschen Bierhalle zu Triest gab Rudolf Baumbach von November 1873 bis Januar 1876 28 meist handgeschriebene Nummern des „Enzian" heraus. Die humoristische Kneipzeitung der Sektion Küstenland des Deutschen und Österreichischen Alpenvereins diente der Eintreibung von Spendengeldern für die Errichtung von Berghütten. Durch Rudolf Baumbachs „Enzian"-Gedichte wurde der Leipziger Verleger Felix Liebeskind auf den botanisierenden Triester Hauslehrer-Poeten aufmerksam.

Glosse

Lebet wohl, ihr glatten Säle!
Glatte Herren, glatte Frauen!
Auf die Berge will ich steigen,
Lachend auf euch niederschauen.
                              Heine.

Wenn die Frühlingswinde wehen,
Sucht der Meister Spatz das Weite
Und vergisst im Handumdrehen
Jeden, der ihm Futter streute.
Spatzenundank wird man's nennen,
Wenn ich die Minuten zähle,
Bis ich werde sagen können:
Lebet wohl, ihr glatten Säle!

Will die breite Marmortreppe
Mit dem Felsensteig vertauschen;
Lieber als die Seidenschleppe
Hör' ich Bergeswasser rauschen;
Will in dunklen Arvengruppen
Derbere Gestalten schauen,
Als geputzte Gliederpuppen,
Glatte Herren, glatte Frauen.

Eilig aus dem Saale flieh' ich,
Wo die Menge wogt im Tanze,
Und den alten Adam zieh' ich
Aus mit meinem Schwalbenschwanze.
Lockt mich nimmer, schöne Frauen,
Lockst mich nimmer, Klang der Geigen;
Grünes Leben will ich schauen,
Auf die Berge will ich steigen.

Will bei derben Sennermädeln
Euch bleichwangige Comtessen
Und bei dicken Bauernschädeln
Dich, o Excellenz, vergessen.
In der Holzknechttafelrunde
Will ich mich am Sterz erbauen
Und, ein lust'ger Vagabunde,
Lachend auf euch niederschauen.

Abschied vom Dirndl

Die Amsel lockt im Walde,
Die Finken werden wach;
Leb' wohl du grüne Halde,
Leb' wohl du gastlich Dach!

Wie Gold erglänzt die Firne
Vom Morgenroth bestrahlt -
Ade du schöne Dirne,
Die Zeche ist bezahlt.

Der Tage sieben blickt' ich
In deine Augen klar,
Und jeden Morgen schmückt' ich
Mit frischem Grün dein Haar.

Ich habe sieben Tage
In stiller Abendstund
Gar manche Mär und Sage
Gehört aus deinem Mund;

Hab' neben dir gesessen
Auf dieser Bank von Stein -
O könnt' ich dich vergessen,
Wie du vergissest mein!

Ade mein Kind, ich scheide. -
- Sie blickt mich schmerzlich an -
O hätt ich was zu Leide
Dir, holde Maid, gethan?

Da schlägt sie auf das Mieder
Nach keuscher Mädchen Art
Die blauen Augen nieder
Und lispelt leis und zart:

Ich habe sieben Tage
Die Stiefel Euch geschmiert,
Verzeiht mir's, dass ich's sage -
Ein Trinkgeld mir gebührt.

Die Ritter und die Nixen

Zwölf Ritter reiten durch den Wald
Mit Schwert und Schild und Sporen;
Sie scherzen und lachen und haben bald
Den rechten Weg verloren.

Und plötzlich seh'n sie durch den Tann
Ein stilles Wasser blinken;
Sie reiten hinzu, sie halten an
Und lassen die Rösslein trinken.

Da rauscht das Schilf und schwankt und nickt,
Die Wasserlilien sich neigen,
Und aus dem See, korallengeschmückt
Zwölf schöne Nixen steigen.

Die Rosse zittern und schnauben bang,
Die Ritter starren und schauen,
Da tönt bestrickender Gesang
Vom Mund der Wasserfrauen:

„O folget uns in unser Reich,
Rothwangige Erdensöhne;
Unsterblickeit verleih'n wir euch
Und ewige Jugendschöne.

Es kann ja doch die höchste Lust
Auf Erden nicht gedeihen;
Ihr findet sie an unsrer Brust
Bei uns, den Wasserfeien.

Was euer Herz sich wünschen mag,
Ihr findet's auf dem Grunde.
Zum Augenblick wird euch ein Tag,
Das Jahr zu einer Stunde.

In unserm kühlen Aufenthalt
Erwarten euch Freuden und Wonnen,
So viel als Nadeln ein Tannenwald
Und Tropfen zählt ein Bronnen."

Die Ritter hören's, es wallt ihr Blut,
Sie springen behend vom Pferde.
„Wir folgen euch Nixen in die Fluth,
Fahr' wohl du staubige Erde!"

Da raschelt das Laub, und die Ritter seh'n,
Auf einmal einen braunen,
Dickköpfigen Waldzwerg vor sich steh'n,
Darob sie auf's Neue erstaunen.

Das Zwerglein hebt die Hand und spricht:
„Lasst guten Rath euch sagen;
Gehorcht den Wasserfrauen nicht,
Ihr müsstet's bald beklagen.

Wahr ist es, was man euch verhiess,
Man hat euch nicht belogen;
Es liegt ein blühend Paradies
Im Schoss der blauen Wogen.

Es wartet euer auf dem Grund
Viel Wonne und Vergnügen,
Doch etwas hat der Nixen Mund
Gar weislich euch verschwiegen.

Es harren euer kampfbereit -
Erzittert, kühne Ritter!
Behaftet mit Unsterblichkeit
Zwölf Nixenschwiegermütter."

**aus: Enzian – Ein Gaudeamus
für Bergsteiger**

Guter Rath

Spielmann, willst du dir Gunst erringen,
Darfst du von deinem Leid nicht singen.
Freude schenke den Gästen aus;
Wermuth haben sie selbst zu Haus.

Der Schwur

Es sprach zu Hänschen Gretchen:
„Mein Lieben mich gereut.
Du scherzt mit allen Mädchen,
Wir sind geschied'ne Leut.
Geh' deines Weges wieder!
Mein Kuss bleibt dir versagt,
Bis einst der span'sche Flieder
Im Garten Aepfel tragt."

Das Fenster ward geschlossen,
Den Vorhang zog sie für,
Und Hänschen ging verdrossen
Von seiner Liebsten Thür.
Als Tags darauf er wieder
Den Weg zur Trauten fand,
Sass Gretchen auf dem Flieder,
Daran sie Aepfel band.

Mein Herz trägt heimliches Leid

Der Ulmenbaum, der starke
Zum Himmel fröhlich ragt,
Derweil in seinem Marke
Tödtend der Holzwurm nagt.
Ich singe frohe Lieder
Von Lenz und Lustbarkeit,
Sie hallen im Lande wieder. -
Mein Herz trägt heimliches Leid.

Ein Brunnen quillt verborgen
Aus dunklem Erdenschacht,
Dess Wasser alle Sorgen
Und Leiden vergessen macht.
Tage und Monde schwinden,
Ich suche weit und breit
Und kann den Quell nicht finden. -
Mein Herz trägt heimliches Leid.

Der Mai hat über die Auen
Tausend Blumen gestreut.
Mein Auge soll nicht schauen,
Die mich am meisten freut.
Ein Vogel singt im Flieder
Von Minne und Hochgezeit.
Sonne, wann gehst du nieder?
Mein Herz trägt heimliches Leid.

aus: Spielmannslieder

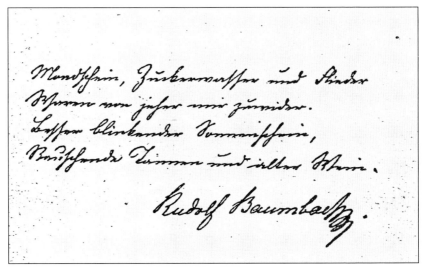

Motto aus Rudolf Baumbachs Gedichtband „Krug und Tintenfaß". Mit diesem ästhetischem Bekenntnis wollte sich der Autor von der verweichlichten Mondschein-Poesie seiner Zeit abgrenzen.

Mondschein, Zuckerwasser und Flieder
Waren von jeher mir zuwider.
Besser blinkender Sonnenschein,
Rauschende Tannen und alter Wein.

Rudolf Baumbach.

Rufe mich

Sprich, wo ist dein Myrtenkranz?
Ach, nur Diamantenglanz
Schmückt dir Stirn und Strähne.
Als du scheu dich abgewandt,
Hing an deiner Wimper Rand
Eine helle Thräne.

Denke nicht an mich zurück
Jetzt in deinem Liebesglück,
Dass ich dir's nicht störe.
Kommt das Elend über dich,
Armes Kind, so rufe mich.
Wo ich bin, ich höre.

Nächtliche Wanderung

Die rothen Wolken blassen,
Es schweigt der Vogelsang,
Und lauter in den Gassen
Erschallt mein müder Gang.
Es wandelt auf und nieder
Der Schlaf von Haus zu Haus
Und küsst die Augenlider
Und löscht die Lampen aus.

Durch einen Fensterladen
Dringt röthlichtrüber Schein.
Dort dreht vielleicht zum Faden
Ein emsig Kind den Lein.
Jetzt stockt vielleicht die Spule,
Der Faden reisst vielleicht,
Dieweil der kecke Buhle
Zu seinem Liebchen schleicht.

Die goldnen Kreuze scheinen
Herab vom Kirchendach,
Und bei den Leichensteinen
Ist auch noch Einer wach.
Er bricht den Grund, den feuchten
Und schaufelt stumm und still. -
Nun weiss ich, was das Leuchten
Dort drüben sagen will.

Ich wandre still von hinnen,
Vorbei an Kreuz und Gruft;
Die Wasser lauter rinnen,
Und kälter weht die Luft.
Von Nebel überwoben
Sind Wiesen und Getraid;
Die Sterne wachen droben,
Und unten wacht das Leid.

Staub

Ihr Leben lang hat sie den Staub gehasst,
Nun ruht sie im Grabe finster.
Es sei ihr Grabstein eingefasst
Mit üppigem Besenginster.

Am Morgen begann sie mit Besen und Wisch
Durch's ganze Haus zu wandern
Und jagte den Staub von Tisch zu Tisch,
Von einer Kammer zur andern.

Zwei Gatten raffte die Lungensucht,
Staub brachte sie unter den Hügel;
Der dritte Gemahl ergriff die Flucht
Mit halbem Lungenflügel.

Und als sie schied aus der staubigen Welt
Und von dem Menschenvolke,
Da schwebte sie zum Himmelszelt
Auf einer staubigen Wolke.

Nun weilt sie entrückt der Erdenpein
In goldener Himmelsferne.
Sie kehrt alle Morgen die Milchstrass' rein
Am Samstag putzt sie die Sterne.

Die sterbende Eiche

Sturmwind kam herangejagt
Wild über Hügel und Haide.
„Neigt euch!" rief die Erle verzagt,
„Beugt euch!" rief die Weide.

Sturmwind rast durch's Baumgeäst,
Zweige knarren und knacken;
Nur die Eiche steht trotzig fest,
Beugt nicht Haupt und Nacken. -

Singend sein wildes Siegeslied
Weiter durch Wald und Wiese
Zog der Sturm. - In Moos und Ried
Lag der gestürzte Riese.

Und die Erle zur Weide sprach:
„Siehe, wir leben alle.
Und die Eiche, die starke, brach.
Uebermuth kommt zu Falle."

Todwund sprach der gewaltige Baum:
„Will euch das Leben nicht neiden.
Sterben muss ich; ich schaffe Raum
Schmiegsamen Erlen und Weiden.

Wieget im Winde das grüne Haar
Ueber der modernden Leiche.
Erlen und Weiden, ihr dauert, ich war,
Aber ich war die Eiche."

Der Wagenlenker

Der Kärrner hielt am Strassenhaus
Mit lautem Peitschenknalle,
Er spannte die dampfenden Gäule aus
Und führte die müden zum Stalle.

Sogleich sass auf dem Bock ein Knab',
Der stolz die Geissel schwenkte,
Als ob er ein Viergespann im Trab
Mit sicherem Zügel lenkte.

Mit Hüh und Hott und manchem Hieb
Die Rosse wusst' er zu stärken,
Und dass der Karren stehen blieb,
Er schien es kaum zu merken.

Er sah von seinem Sitz umher
Mit siegender Geberde,
Als ob er Phöbus Apollo wär'
Und lenkte die Sonnenpferde.

Als einen Professor der Philosophie
Hab' ich ihn später gesehen.
Er rief vom Katheder Hott und Hüh,
Der Karren aber blieb stehen.

Der Dichter Lump

Nun singen wir das Lied von Lump,
Dem Dichter nach neuestem Schnitt.
Er nahm von den Juden Geld auf Pump,
Drauf ward er Antisemit.

Er hetzte, gehüllt in des Schlafrocks Vliess
Todmuthig die Völker zum Streit,
Und als er sein Mädchen sitzen liess,
Besang er die treulose Maid.

aus: Krug und Tintenfaß

Aus der guten, alten Zeit

Es melden Bücher und Sagen
So manches Wunderding
Von einem gelben Wagen,
Der durch die Länder ging.
Die Kutsche fuhr, man denke,
Des Tag's drei Meilen weit
Und hielt vor jeder Schenke. -
O gute, alte Zeit!

Es ward von den Passagieren
Zuvor das Haus bestellt.
Sie schieden von den Ihren,
Als ging's an's End der Welt.
Sie trugen die Louisdore
Vernäht in Stiefel und Kleid,
Im Sack zwei Feuerrohre. -
O gute, alte Zeit!

Oft, wenn die Reisegenossen
Sich sehnten nach Bett und Wirth,
Da brummte der Schwager verdrossen:
„Potz Blitz! Ich hab' mich verirrt."
Von fern her Wolfsgeheule,
Kein Obdach weit und breit;
Es schnaubten zitternd die Gäule. -
O gute, alte Zeit!

Auch war es sehr ergötzlich,
Wenn mit gewaltigem Krach
In einem Hohlweg plötzlich
Der Wagen zusammenbrach.
War nur ein Rad gebrochen,
So herrschte Fröhlichkeit.
Mitunter brachen auch Knochen. -
O gute, alte Zeit!

Der Abenteuer Perle
War doch das Waldwirthshaus.
Es spannten verdächtige Kerle
Die müden Schimmel aus.
Ein Bett mit Federdecken
Stand für den Gast bereit;
Das zeigte blutige Flecken. -
O gute, alte Zeit!

Und waren der Gäste hundert
Verschwunden im Waldwirthshaus,
Dann schickte der Rath verwundert
Berittene Häscher aus.
Die Leichen wurden gefunden,
Bestattet und geweiht,
Der Wirth gerädert, geschunden. -
O gute, alte Zeit!

Besser wenig als nichts

Auf dem Feldweg den hemmenden Stein
  Schieb' ich zur Seite,
Dass, wer pilgert hinter mir drein,
  Sicherer schreite.

Leider hemmen den Wanderlauf
  Steine noch viele.
Nimmer, läs' ich sie sämmtlich auf,
  Käm' ich zum Ziele.

Sitzt ein Bettler mit bleichem Gesicht
  Hungernd am Raine. -
Alle Thränen trocknest du nicht;
  Trockne die eine.

Sonntagmorgen

Die Glocken läuten nah und fern,
Die Frommen wallen zum Tempel.
Ich schau' in einen Blüthenstern
Und zähle die Fäden und Stempel.

Beugt euer Knie, fern sei der Spott,
Im steinernen Heiligthume.
Ein helles Aug sieht seinen Gott
In jeder Frühlingsblume.

Auf dem Kickelhahn

Hier rast' ich am Boden
Im Moose des Rains
Und lausche dem Odem
Des träumenden Hains.
Ein Lied möchte steigen,
Die Lippe bleibt stumm.
Der Berg heisst mich schweigen,
Fragt Einer, warum?

Den Vollmond, den lichten
Der Nebel umweht,
Durch's Dunkel der Fichten
Ein Schattenbild schwebt.
Es weht um die Halde
Sanfter Geisterhauch.
Horch! „Warte nur, balde
Ruhest du auch."

Handschrift „Auf dem Kickelhahn". Die Verszeilen zeugen von der Ehrfurcht Baumbachs vor den Großen der deutschen Literatur. Sie entstanden in Anlehnung an Goethes Gedicht „Über allen Gipfeln ist Ruh'", welches der Klassiker auf dem Kickelhahn bei Ilmenau schrieb.

Mit der Rückkehr nach Meiningen 1885 entdeckte
Rudolf Baumbach auch seine alte Heimat neu

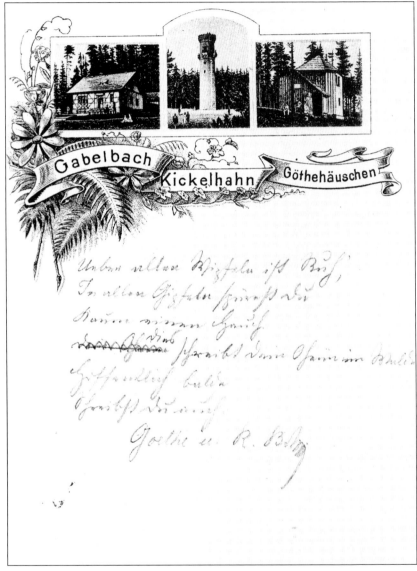

*Kartengruß vom Kickelhahn im Thüringer Wald an Daniel Rothermann in
Triest vom 8. 4. 1894.*

GRUSS vom DOLMAR.

22. 6. 93.

Ich gratulir' dir zu deinem
Geburtstag und wünsch, daß
du noch viele Jahre glücklich
erlebst.

R. Betz

Geburtstagsgruß vom Dolmar bei Meiningen an die Schwester Adelheid.

41

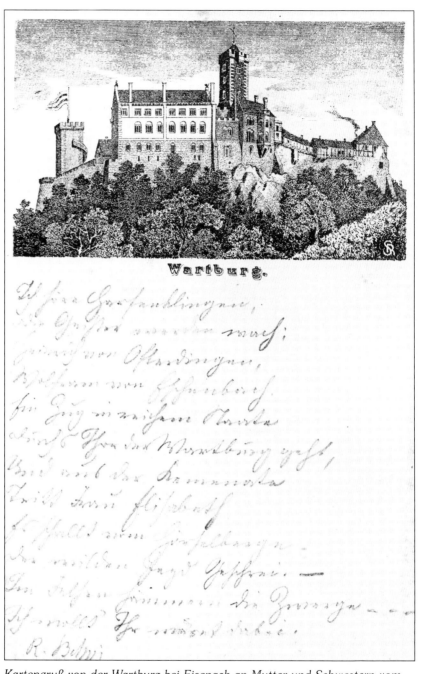

Wartburg.

Kartengruß von der Wartburg bei Eisenach an Mutter und Schwestern vom 22. 8. 1885.

Abend will es werden

Sitz' allhier auf einem Stein,
Schau' in's Thal hinunter,
Rothe Heide blüht am Rain,
Und der Wald wird bunter.
Nebel steigt aus Teich und Bach,
Rauch von allen Herden,
Golden glänzt das Kirchendach;
Abend will es werden.

Ehmals, wenn der Schritt mich trug
Ueber Berg und Hügel,
Sah ich nach der Wolken Zug,
Wünschte Falkenflügel,
Hätt' den Wagen gern gelenkt
Mit den Sonnenpferden;
Heut mein Auge still sich senkt.
Abend will es werden.

Aus des Waldes Dämmerung
Zieht's heran in Paaren:
Knaben, Dirnen schlank und jung
Mit bekränzten Haaren.
Junges Glück und Liebesleid
Künden die Geberden.
Alles schau' ich ohne Neid,
Abend will es werden.

aus: Thüringer Lieder

Im Frühling unter Palmen

Im Frühling unter Palmen,
Im Sommer auf den Almen,
Im Winter in der Stadt;
Gespickt mit Geld die Katze,
Und auf der hohen Glatze
Ein dürftig Lorbeerblatt.

Einst zog ich in die Fremde
Mit einem frischen Hemde
Und dreissig Kreuzer Geld;
Der Strasse Pappelbäume,
Der Schänke kühle Räume
War mir die ganze Welt.

Nehmt ab mir dreissig Jahre
Und meine grauen Haare
Und meinen Hofrathsbauch;
So lass ich Euch die Mittel,
So lass ich Euch die Titel,
Und meinen Lorbeer auch.

aus: Bunte Blätter

Versepik

Prolog aus „Zlatorog"

Dir, mächt'ger Triglav, gilt mein Lied, mein Grüßen!
Drei Häupter hebst du trotzig in die Höh'
Wie jener Gott, nach dem sie einst dich hießen,
Und jedes trägt ein Diadem von Schnee.

Ich bin umstarrt von hundert Bergesriesen,
Wenn schwindelnd ich auf deinem Scheitel steh',
Es lacht ein grün Geländ zu meinen Füßen,
Mich grüßt Italien und die blaue See.

In deinen Klüften wohnt die graue Sage,
Es klingt ihr Sang so trüb und doch so traut
Wie eines Mädchens leise Trauerklage;

Und was sie mir, dem Wandrer, einst vertraut,
Sei zur Erinnrung an vergangne Tage
Erzählt in meiner Muttersprache Laut.

Was diesen Dichter vor anderen auszeichnet, worin das Geheimniß seiner Wirkung liegt, das ist so schwer zu sagen, als es schwer ist, anzugeben, was uns denn eigentlich bezaubert an einer Bergesquelle, an einer Waldblume oder an einer ziehenden Wolke. (…)
Es ist im „Zlatorog" jene reiche und doch natürlich, leicht, ungezwungen fließende Ader, welche den Blüthenlenz eines hervorragenden Talents kennzeichnet. Vom einsamen Alpengipfel, wo der goldgehörnte Gemsbock „Zlatorog" haust, bis hinunter zur Schenke der Frau Katharina an der Trentabrücke, steht Alles so anschaulich, so naturwahr, so glaubwürdig und überzeugend vor uns da, als ob wir selbst schon Jahrzehnte lang da heimisch wären.

Robert Hamerling, steierischer Schriftsteller, 1878 in Peter Roseggers „Heimgarten"

Die slovenische Alpensage „Zlatorog", …, ist ein Gastgeschenk der Fremde an den deutschen Dichter, der längere Zeit in Triest gelebt und von dort aus den Triglav und die julischen Alpen besucht hat. Es handelt sich um die Verschüttung einer stundenbreiten blühenden Alpe, die infolge eines Frevels von der erzürnten Gottheit unter Gletschereis und Felsentrümmern begraben wird. Phantasievoll und lebendig hat sich Baumbach auch diese slavische Überlieferung zu eigen gemacht und die Schilderung des Hochgebirges in „Zlatorog" ist von großer Anschaulichkeit und farbiger Pracht.

Adolf Stern 1895 in „Studien zur Litteratur der Gegenwart"

Prolog aus „Frau Holde"

Mein Thüringen, aus dem ich schied,
Dir klingt mein Sang, Dich grüsst
mein Lied!
Ich sing's am fernen Meere.
Soweit der Erdengarten reicht,
Kein Land Dir, meiner Heimat
gleicht
An Wonne und an Ehre.

Du bist so lieb, Du bist so traut,
Urahne bist Du mir und Braut,
Du wunderschöne Fraue!
Der Tannwald ist Dein Mantel gut,
Der blaue Himmel ist Dein Hut,
Dein Schemel grüne Aue.

Und drückt auf's Haupt der Winter
Dir
Der diamantnen Krone Zier
Und hüllt die stolzen Glieder
In silberweissen Hermelin,
Dann beug' ich mich, o Königin,
Andächtig vor Dir nieder.

Es klingt in mir ein Kinderreim:
„Daheim, daheim ist doch daheim."
Sie singen's in den Gassen.
Ich selber sang's wohl tausendmal
In meinem grünen Werrathal,
Und hab' es doch verlassen.

Oweh, ich hab' mich selbst verbannt
Und vor das Thor mit eigner Hand
Geschoben einen Riegel.
Doch seh' ich jede Nacht im Traum
Mein Heimatland mit Berg und
Baum,
Als zeigte mir's ein Spiegel.

Bringt meiner Heimat dieses Lied,
Die ihr nach seinen Wäldern zieht,
Ihr Vögelein, ihr schnellen!
Ihr Freunde all am Werrafluss
Nehmt's hin als einen Wandergruss
Des fahrenden Gesellen.

„Frau Holde" ist ein Gestalt gewordener Sehnsuchtstraum aus der Zeit, da der Dichter sein grünes Werrathal verlassen hatte und ihm Landschaft und Menschen Thüringens in doppelt verklärtem Schimmer erschienen. Die alte Sage von Frau Holde ist hier mit einer schlicht menschlichen, ergreifenden Handlung verbunden, ... (...)

Der glückliche Stoff ist mit glücklichster Leichtigkeit und mit aller Meisterschaft behandelt: Kolorit, Natur- und Sittenschilderung, Charakteristik der wenigen Gestalten, Verlauf des Abenteuers und lyrischer Ausdruck der Empfindungen, alles blitzt von thauiger Frische, duftet vom Wald- und Wiesenhauch der thüringischen Berge, schmiegt sich mit seinen wechselnden Rhythmen dem Wechsel der Vorgänge und der Stimmung an, die Sprache ist von herziger Schlichtheit, aber reich an glücklichen Bildern und innerer Musik; keine Stelle im ganzen Gedicht, in der der Dichter matter oder prosaischer erschiene. Das vielmißbrauchte Lob „wie aus einem Guß" gilt hier einmal wirklich.

Adolf Stern 1895 in „Studien zur Litteratur der Gegenwart"

Adolf Stern (1835 – 1907) wirkte als Literaturhistoriker und Schriftsteller in Dresden. Im Zusammenhang mit der Vorbereitung seiner Otto-Ludwig-Gesamtausgabe korrespondierte er 1890/91 mit Rudolf Baumbach.

Wandergrüße des fahrenden Gesellen:

Postkarten an die Mutter

Von der griechischen Insel Kerkyra vom 13. 4. 1883.

Aus Genua vom 28. 3. 1884.

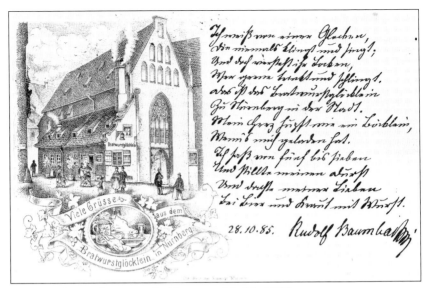

Vom Nürnberger Bratwurstglöcklein vom 28. 10. 1885.

Aus dem Hotel „Zlatorog" bei Tarvis in den Julischen Alpen vom 10. 4. 1895.

Prosa

DAS STILLE DORF

An einem Johannistag, der zugleich ein Sonntag war, schritt auf staubiger Landstrasse ein junger Gesell rüstig voran. Er hiess Diethart und war ein zünftiger Steinmetz. Sein Reiseziel aber war die nächste Stadt, woselbst er Arbeit bei dem Ausbau einer Kirche finden sollte. Im Gurt trug er einen reichlichen Sparpfennig, im Felleisen gesiegelte Schriften, die seine Kunstfertigkeit rühmten und einen gewichtigen Empfehlungsbrief an den Meister, der den Bau des Gotteshauses leitete.

Glühend hing die Sonne am wolkenlosen Himmel und goss ihr blendendes Licht auf ein weites Meer von reifendem Weizen. Kein Vogel liess seine Stimme hören; was Federn trägt, war in die Bergwälder geflüchtet, die das breite Thal umsäumten, aber Heuschrecken, Grillen und tanzende Mücken fiedelten und summten unermüdlich ihre eintönigen Weisen.

Das Felleisen lastete schwer auf den Schultern des Wanderburschen, und die Korbflasche, die er an der Seite trug, war längst geleert. Sehnsüchtig schweiften seine Augen über die wallenden Aehrenfelder, aber nirgends ragte ein einladendes Dach über die Flur, nur hie und da ein Obstbaum und in weiter, bläulicher Ferne die Mauern und Thürme der Stadt, nach welcher er wanderte.

Er stand still und blickte zur Sonne empor. „Es ist Mittagszeit", sprach er, und dabei dachte er an seine letzte Rast in der güldenen Rose und an den kühlen Trank, der dort aus eichenem Fassgebinde rann. Er seufzte, drückte sich den Hut in die Stirn, dass der Rand seine sonnengeblendeten Augen beschattete und schritt weiter. Er mochte etwa so weit gegangen sein, als eines kräftigen Mannes Stimme reicht, da hemmte er erstaunt seinen Fuss, denn dicht vor ihm lagen Häuser umringt von Baumgärten und überragt von der durchbrochenen Spitze eines Kirchthurms. Der Wanderer rieb sich die Augen. „Wie war es möglich das Dorf zu übersehen?" frug er sich. „Das macht der Sonnenglast, der mich geblendet hat." Und er beschleunigte seine Schritte.

Es war ein stattliches Dorf, dem er sich näherte. Die Fenster blinkten im Sonnenlicht, die Dächer waren mit Ziegeln gedeckt, und in den Gärten blühten Lilien und weisse Rosen. Aber seltsam kam dem Burschen die tiefe Ruhe vor, die über dem Dorf lag. Kein Hund schlug an, kein Hahn krähte, kein Rind brüllte, und keines Menschen Stimme war hörbar. Auch nahm es den Gesellen Wunder, dass aus keinem Schornstein eine Rauchwolke aufstieg. Es war, als ob das Dorf ausgestorben sei.

Aber das Dorf war nicht leer. Als der Steinmetz seinen Einzug hielt, sah er Männer und Weiber aus den Häusern treten. Sie trugen Feierkleider, und das Silber war nicht gespart an Nesteln und Spangen, doch war die Tracht der Leute ganz verschieden von der landesüblichen. Ihre Gesichter waren bleich und ernst, sie hatten die Augen auf den Boden geheftet, und kein Laut kam über ihre Lippen, nicht einmal ihr Tritte waren hörbar.

Dem Burschen wurde es bänglich zu Muthe beim Anblick der stillen Leute, doch fasste er sich ein Herz und näherte sich einem der Männer, um sich Auskunft über das Dorf zu verschaffen. Aber der Mann legte den Zeigefinger bedeutsam auf den Mund und ging schweigend seines Weges. Betreten folgte Diethart dem Zug, der sich nach der Kirche bewegte. Die Thorflügel des Gotteshauses standen offen, Kerzenschimmer strahlte aus dem Schiff, aber weder Gesang noch Orgelklang war vernehmbar, und als der Gesell von Ohngefähr seine Augen zu dem Thurm emporhob, sah er wohl, wie sich die Glocke im Stuhl hin und her schwang, aber es klang kein Ton von oben herab. Mit heimlichen Grauen liess er die Kirchengänger an sich vorüberziehen, Männer, Weiber, Jungfrauen und Kinder. Alle hatten die Häupter geneigt, und niemand schenkte ihm einen Blick.

Ganz zuletzt kam ein Mädchen. Sie trug eine Lilie vor der Brust und war selber schön und bleich wie eine Lilie. Und wie sie an dem Burschen vorüberschritt, hob sie die gesenkten Lider, sah ihn mit mildernsten Augen an und hemmte ihren Schritt. Da wich die Beklemmung aus dem Gemüth des Jünglings, süsses Verlangen zog in sein Herz ein, und er vertrat ihr den Weg um sie anzureden. Doch auch sie legte den Finger auf den Mund und stieg schweigend die Stufen hinan, die zu der Kirchenthür führten. Aber bevor sie die Schwelle überschritt, wandte sie sich noch einmal und streifte von ihrer Hand einen Fingerreif, der lautlos über die Stiege rollte und vor den Füssen des Burschen liegen blieb. Er bückte sich, hob den Ring auf und steckte ihn an den Finger, und wie er empor blickte, war Mädchen, Kirche und Dorf verschwunden, und er stand mitten auf der Landstrasse, wogende Kornfelder rechts und links, darüber der blaue Himmel und die leuchtende Mittsommersonne.

War alles ein Traum gewesen? Nein, der goldene Ring war greifbar vorhan-

den und blinkte im Sonnenlicht. Hier war Zauber im Spiel. Zur Zeit der Sonnenwende wird manches sichtbar, was sonst dem sterblichen Auge verborgen ist.

Diethart warf einen scheuen Blick auf seine Umgebung und beschleunigte seine Schritte. Wohl war es ihm unheimlich zu Muthe, aber die Liebe, die ihm das stille Mädchen eingeflösst hatte, war stärker als Furcht und Grauen. Er betrachtete den Fingerring mit leuchtenden Augen, und er hatte die Ahnung, dass die erste Begegnung mit dem schönen Mädchen nicht die letzte gewesen sei. Räthselnd und hoffend schritt er weiter auf der staubigen Strasse. Die Sonne neigte sich, und als sie die Dächer der Stadt vergoldete, zog der Steinmetz durch das gewölbte Zwingerthor.

Am Markt stand ein stattliches Haus, das führte einen wilden Mann mit Federkrone und Nasenring im Schild und war als Herberge und Schenke weit und breit berühmt. Dort nahm Diethart Losament, und als er sich von den Spuren der mühseligen Wanderung gesäubert hatte, suchte er die Wirthsstube auf, um sich an Speis und Trank zu laben.

Am langen Eichentisch sassen ein paar Bürger hinter den Bierkrügen und besprachen die Händel der Welt. Denen kam der Fremde grade gelegen. Er musste Rede stehen, wer er sei, woher er komme und was er in der Stadt suche. Willfährig und höflich befriedigte er ihre Neugier, und die Bürger forderten ihn auf näher zu rücken und ihnen zu berichten, was sich draussen in der Welt begebe. Diethart erzählte, was er erlebt, aber das spukhafte Abenteuer, welches er am selbigen Tage bestanden hatte, verschwieg er, und dann lobte er die Stadt und die fruchtbaren Fluren, die er heute durchwandert hatte.

„Ja", sagte einer der Bürger und strich

mit der Hand wohlgefällig über seine Leibesfülle, „ja, es ist ein gesegneter Landstrich, und wenn die hohen Steuern nicht wären, so könnten wir zufrieden sein, wenn's auch schon nicht mehr so ist wie in alten Zeiten. Da ging's anders her. Weizen, Korn und Gerste tragen unsere Felder noch heute genug und die Berge geben uns Holz in Fülle, in alten Zeiten aber gaben sie uns auch noch andere Schätze, nämlich Gold und Silber, und damit ists längst vorbei."

„Ja", sagte ein anderer Gast, „wenn es wahr ist, was in unserer Chronik geschrieben steht, so war unsre Gemeinde ehedem über die Massen reich. Einmal hat der Kaiser in der Stadt Herberge genommen, und es ist bei der Bürgerschaft ein uralter Gebrauch gewesen dem Kaiser eine Verehrung zu geben, nämlich ein Schaf und ein Lamm, warum grade dies und nichts anderes, weiss ich nicht zu sagen. Auch dazumal haben die Bürger dem Kaiser das übliche Geschenk gebracht, aber das Schaf war von Silber und das Lamm von Gold. Und des Kaisers Majestät soll sich darüber höchlich verwundert haben."

„Man erzählt auch", hob ein Dritter an, „es sei hier herum in alter Zeit ein Dorf gestanden, welches jetzt verschwunden ist. Das Dorf besass unerschöpfliche Silbergruben, und die Leute wussten kaum, was sie mit dem grausamen Reichthum anfangen sollten. Da sind sie denn, wie es zu geschehen pflegt, stolz und hoffärtig geworden und haben in ihrem Uebermuth mit goldenen Kugeln nach goldenen Kegeln geschoben und auch sonst allerhand Frevel verübt. Und in einer Nacht ist das Dorf mit Kind und Kegel versunken, und man weiss heutzutage kaum, wo es gestanden."

Jetzt mischte sich die Wirthin, die mit Schüsseln und Kannen ab und zu ging, in das Gespräch der Männer. „Ihr habt läuten gehört", redete sie den an, welcher zuletzt gesprochen hatte, „und nicht zusammenschlagen. Mit dem versunkenen Dorf hat es eine ganz andere Bewandtniss. Die Leute, die darinnen gehaust, haben schlecht und recht gelebt wie unsereins. Gut ist's ihnen ergangen, aber mit goldenen Kegeln haben sie nicht gespielt. Nun trug sich's einmal zu, dass den Dorfinsassen ein ganzes Jahr verging ohne Sterbefall, und wie Allerseelentag herankam, sprachen sie: Was sollen wir beten und trauern? Haben wir doch im letzten Jahr niemanden zu Grabe getragen. Also waren sie lustig und guter Dinge, liessen sich zum Tanz aufspielen und jauchzten wie zur fröhlichen Maienzeit. Nur ein Knecht, der Frömmigkeit im Gemüth trug, nahm nicht Antheil an dem gottlosen Treiben, sondern ging zur Kirche in das nächste Dorf. Und als er am Abend wieder heim wanderte, da war sein Dorf verschwunden. Nur ein goldenes Kreuz ragte noch aus dem Boden, das war das Kreuz auf der Spitze des Kirchthurms. Mälig versank auch dieses, und jetzt wächst Aehrenfrucht über der Stätte, wo das Dorf einst lag. Von Zeit zu Zeit aber rückt es in die Höhe und wird sichtbar, und es leben Leute, die es geschaut – aber von solchen Dingen ist nicht gut reden." So sprach die Wirthin und schöpfte Athem.

Dem jungen Steinmetzen aber gab das, was er vernommen hatte, viel zu denken. Er hörte nur noch mit halbem Ohr, was am Zechtisch zur Sprache kam und blickte unverwandt auf den goldenen Reif an seinem Finger.

Als der Wächter auf der Strasse seinen Spruch sang und die Gäste aufbrachen, begab sich Diethart in seine Kammer. Er hatte eine weite Wegstrecke zurückgelegt, aber der Schlaf wollte heute nicht kommen. Er sass wach auf seinem Lager und dachte an sein Abenteuer und an das schöne, stille Mädchen. Wieder heftete er seinen Blick auf den Fingerring und spähte nach einem eingegrabenen Zeichen. Die Aussenseite war glatt; vielleicht stand auf der Innenseite etwas geschrieben, und er drehte den Reif, um ihn von dem Finger zu ziehen.

Da ging leise die Thür auf, und in das Gemach trat die, welche den Ring zuvor getragen hatte. Mit freudigem Schreck sprang Diethart empor und streckte sehnend seine Arme aus nach dem holden Frauenbild, und das stille Mädchen sank selig lächelnd an seine Brust und erwiderte die Liebkosungen des von Minne glühenden Jünglings.

Als die Sterne bleicher schimmerten, entwand sich die geheimnisvolle Schöne den Armen ihres Geliebten, und nun gewann sie Sprache.

„Wir müssen jetzt scheiden," sprach sie, „aber wir sehen uns wieder. So oft du Verlangen nach mir trägst, drehe den Ring an deinem Finger, und ich werde zu dir kommen." „Und sagst du mir nichts weiter, mein trautes Herzgespiel von dir und dem Ort, da ich dich zuerst gesehen?"

Sie blickte ihn ernst an und legte schweigend den Finger auf den Mund. Dann schritt sie nach der Thür. „Und darf ich nicht einmal deinen Namen wissen?" „Ich heisse Sigune," gab die Schöne zur Antwort. Noch einmal winkte sie mit der weissen Hand, dann verliess sie das Gemach lautlos, wie sie gekommen war. Im Hof krähte der Hahn dem grauenden Tag entgegen.

Für den jungen Steinmetz hatte eine wonnesame Zeit begonnen. Den Tag über arbeitete er in der Bauhütte mit Hammer und Meissel, wenn aber die Nacht hereinbrach und die anderen Gesellen hinter den vollen Krügen sassen oder ihre Dirnen im lustigen Rei-

gen schwenkten, trank Diethart Minne und Seligkeit von einem rothen Mund und vergass in den Armen seiner Sigune die Welt.

„Ach, dass der Tag so viele Stunden hat, in denen ich dich nicht bei mir habe!" sagte er einmal von Liebe berauscht zu seinem schönen Weib. „Warum darf ich nur verstohlener Weise mit dir kosen, warum darf ich dir nicht folgen in deine stille Heimat?"

„Das wünsche dir nicht," entgegnete sie ernst. „Wehe mir, wenn du mich einst zwängest, dich mit mir zu nehmen. Hör' mich an und beherzige meine Worte. Ich weiss, dass du mich über alles liebst, aber ihr Männer seid wankelmüthig und eure Treue steht nicht fest wie die ewigen Sterne. Wenn ein anderes Weib Gewalt über dich gewinnt und sich dein Herz von mir wendet, dann ziehe den Ring, den ich dir gegeben, von der Hand und wirf ihn in den tiefsten Brunnen. Dann ist die Kette, die mich an dich und dich an mich fesselt, zerbrochen, du wirst mich vergessen, und ich darf nicht mehr zu dir kommen. Riefest du mich aber, nachdem eine Andere mich verdrängt hat, dann müsstest du mir folgen an den Ort, den du kennst, und von dort giebt es keine Wiederkehr für dich."

So sprach die Schöne mit traurigem Muth, er aber küsste ihr die Thränen von den Wimpern und schwur ihr ewige Treue zu.

Die schönste Dirne in der ganzen Stadt war Jungfer Elsa, des reichen Baumeisters einziges Kind. Aber sie war hoffärtig im Gemüth, und von allen Bürgerssöhnen, die sich um ihre Gunst bewarben, war keiner der Stolzen gut genug. Seit einigen Wochen war mit Elsa eine Veränderung vorgegangen, die kein Anderer hervorgebracht als der fremde, junge Steinmetz, der bei ihrem Vater in Arbeit stand. Aber der Gesell hatte kein

52

Der alternde „fahrende Geselle" – Rudolf Baumbach mit 49 Jahren. Ölgemäl-
de von E. A. Klamroth.

Anläßlich der 50. Auflage des „Zlatorog" im Jahr 1889 erhielt Baumbach diesen silbernen Tafelaufsatz von seinem Verleger. Die Plastik zeigt Gestalten aus dem Erfolgsepos sowie eine zum Füllhorn umfunktionierte Gemsenkrikkel.

„Wie aus weißem Marmelstein ein Bildnis/ Steht der Gemsbock auf erhab'nem Felsstück." – Das Zitat aus dem „Zlatorog" ist der Sokkelplatte dieser Kleinplastik eingraviert, welche der Dichter von einem Triester Freund 1879 als Weihnachtsgeschenk erhielt.

Illustration von Paul Mohn zu dem Märchen der Goldbaum.

Das einstige Wohnzimmer des Dichters gehört heute zur ständigen Ausstellung im Meininger Literaturmuseum.

Die historische Bibliothek von Rudolf Baumbach umfaßt über 2000 Bände aus
der Zeit vom 16. bis zum frühen 20. Jahrhundert.

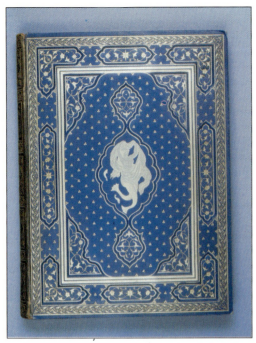

Prachtausgabe der „Sommermärchen" von 1885.

Das langjährige
Haus des Dichters
in der Meininger
Burggasse, heute
Literaturmuseum.

Grabstätte Rudolf Baumbachs auf dem Meininger Friedhof. Den Vierzeiler auf der
Grabplatte verfaßte der Dichter bereits in Triest:

> „Der Erde ward ich abgeborgt,
> Werde wieder der Erde zu eigen.
> Hab' ausgesungen und ausgesorgt.
> Das schönste Lied ist Schweigen."

Auge für die Schönheit der Magd, und die leuchtenden Blicke, mit denen sie die jugendliche Kraftgestalt mass, wenn Diethart ihr väterliches Haus betrat, machten ihm das Herz nicht wärmer als die Augen der gemeisselten Engel über dem Kirchenthor. Das empörte die Patriziertochter, aber sie sträubte sich vergebens gegen die Liebe, die in ihr stolzes Herz eingezogen war. Mit weiblichen Listen wusste sie es dahin zu bringen, dass Diethart dem Vater von Tag zu Tag lieber wurde und dass er schliesslich täglich im Haus ein und aus ging. Sie schenkte ihm eigenhändig den goldenen Wein in den Becher und streifte dabei wie unversehens mit dem vollen Arm sein braunes Lockenhaar; sie sang vor ihm zur Laute die Lieder ihrer Heimat und süsse wälsche Weisen, die sie von einem fremden Meister gelernt hatte, aber Diethart hatte für alle Gunstbezeugungen nur gemessene Höflichkeit und kalte Ehrerbietung. Zu Elsas Liebe gesellte sich Eifersucht, als ihr scharfes Auge bemerkte, dass Diethart oft die Augen auf den Ring an seinem Finger heftete, und sie mühte sich zu ergründen, ob eine andere Dirne sein Herz besitze. In der Stadt war keine, die es dem Gesellen angethan, das wusste sie bald, – aber vielleicht hat er ein Liebchen in der Ferne. O wie sie diese unbekannte Nebenbuhlerin hasste!

Eines Tages, es war zur Mittagsstunde, schritt Elsa an der Bauhütte vorüber. Es war still im Inneren; die Arbeitenden hielten wohl Mittagsrast. Mit zögernden Schritten betrat sie die Hütte, und sie fand, was sie gehofft hatte. Diethart lag ausgestreckt auf dem Boden und schlief. Niemand war sonst zugegen. Die liebeglühende Magd beugte sich über den Schläfer, um seine rothen Lippen zu küssen, aber da fiel ihr Blick auf den Goldreif an der Rechten des Burschen. Die Eifersucht loderte hell auf in ihrem Gemüth. Vorsichtig fasste sie den Ring, streifte ihn sachte von dem Finger des Schlafenden und verbarg ihn in ihrem Mieder.

Da erwachte Diethhart aus seinem Schlummer. Verwirrt fuhr er in die Höhe, als er die Tochter des Baumeisters in hoher Erregung vor sich stehen sah. Den Verlust des Rings merkte er nicht; mit dem Ring war alles, was sich an denselben knüpfte, aus seiner Erinnerung geschwunden wie eine Schrift, die man von der Tafel gelöscht hat. Dafür aber sah er zum erstenmal Elsa's bestrickende Schönheit, und als er von jäher Liebe ergriffen die Arme nach der schönen Gestalt ausbreitete, sank sie ihm liebeglühend an die Brust und umschlang seinen gebräunten Nacken.

Von dem Thurm der vollendeten Kirche riefen zum erstenmal die Glocken, und Alt und Jung strömte nach dem neuen Gotteshaus, welches heute den priesterlichen Segen erhalten sollte. Aber an das Fest der Weihe sollte sich ein zweites schliessen, und das schien den Leuten fast wichtiger als das erstere. Elsa, des Baumeisters vielumworbene Tochter reicht heute dem jungen Meister Diethart die Hand am Altar, und der Brautvater hat eine Hochzeit gerüstet so reich und glänzend, wie die Stadt noch keine gesehen hat. Es ist eine gute Vorbedeutung, dass vor dem neuen Altar zuerst ein so schönes Paar eingesegnet wird wie Diethart und Elsa. Und schön und stattlich waren sie beide; das mussten ihnen die Neider lassen, an denen es nicht fehlte.

Die kirchliche Feier nahm ihren Verlauf nach hergebrachter Weise. Dann bewegte sich der Zug nach dem festlich geschmückten Haus des Brautvaters, und bald hallten seine Mauern wider von Ball und Schall.

Als das Hochzeitsmahl beendet war, und Elsa den letzten Ehrentanz getanzt hatte, ward der Braut das Strumpfband gelöst, und jeder der Geladenen erhielt ein Stück von dem blauen Seidenband zum Angedenken. Der Brautvater füllte einen grossen Silberhumpen mit süssem Wein und trank auf das Wohl seiner Kinder, die Pfeifer und Paukenschläger fielen ein, und unter dem Jubel der Gäste floh das Paar aus dem Saal.

Des hochzeitlichen Schmuckes ledig sassen die Neuvermählten im stillen Brautgemach beieinander und tauschten Worte der Liebe. Mit trunkenen Augen umschweifte der Bräutigam die Reize seiner Angetrauten, und neigte seinen Mund zu ihrem Ohr und raunte ihr heimliche Worte zu.

Elsa aber sprach neckend: „Eh' ich dein Weib werde, musst du mir Eins sagen. Bin ich die Erste, zu der du solche Worte sprichst, oder hat vor mir eine Andere deine Sinne gefangen halten. Das sollst du mir beichten, denn es darf jetzt keinerlei Geheimniss mehr bestehen zwischen dir und mir."

„Quäle mich nicht mit solchem Verdacht, meine liebe Augenweide," erwiderte Diethart. „Wohl habe ich mit mancher hübschen Dirne gelacht und gescherzt, aber keine hat mein Herz besessen und keiner anderen als dir hat mein Mund Liebe und Treue geschworen." „Ei, so sag' mir", „ hob Elsa wieder an, „Was war das für ein Ring, den du vordem getragen hast? Der kam doch wohl von zarter Frauenhand, du Schlimmer?" „Ein Ring, ein Ring?" fragte Diethart verwundert und schüttelte den Kopf." Ich habe nie und nimmer einen Ring getragen, ehe du mir diesen hier angesteckt hast."

„Wie?" sprach Elsa gereizt. „Willst du es leugnen, dass du einen Fingerreif an deiner Rechten trugst, als ich dich zuerst bei meinem Vater sah?" „Du irrst, Elsa," erwiderte Diethart ruhig. „O du Falscher!" rief die Erregte. „Soll ich dir den Ring unter die Augen halten?" Und mit einem raschen Griff zog sie den Ring, den sie dem Schlafenden entwendet hatte, aus ihrem Busen und hielt ihn ihrem Gatten vor. „Willst du jetzt noch leugnen?" „Seltsam," sprach Diethart, „und diesen Ring soll ich getragen haben, meine Elsa? Lass sehen." Er langte nach dem Goldreif und schob ihn an den Finger. Da stieg ein tiefer Seufzer aus seiner Brust. „Ja," sprach er leise, „ich kenne den Ring. Sigune, Sigune, was hab' ich dir gethan!" Elsa schrie laut auf: „O du treuloser, du arglistiger Mann! Hebe dich weg und tritt mir nicht wieder unter die Augen!"

Plötzlich verstummte sie, und kalter Schauer rieselte ihr durch Mark und Bein. Sie waren nicht mehr miteinander allein im Brautgemach, es war noch ein Drittes zugegen. In der Thür stand die Gestalt einer schönen, bleichen Frau, die winkte mit der weissen Geisterhand.

„Sigune!" rief der Bräutigam. „Du rufst, ich komme zu dir." Er sprang auf und eilte auf die Erscheinung zu, aber bevor er sie erreichte, sank er um.

Im Saal, wo die Geladenen noch versammelt waren, hatte man Elsa's Wehruf vernommen. Als der Vater der Braut, gefolgt von den Hochzeitsgästen, das Gemach betrat, fand er seine Kinder leblos auf dem Boden liegen.

Elsa erwachte wieder zum Leben, aber die verworrenen Reden, die sie führte, während das Fieber sie wochenlang auf dem Lager niederhielt, verstand niemand, und als sie genesen war, blieb ihr Mund verschlossen, wenn man sie nach den Vorgängen jener Schreckensnacht fragte. Bei dem Bräutigam waren alle Belebungsversuche vergeblich. Er war seiner ersten Liebe an den stillen Ort gefolgt, von dem es keine Wiederkehr giebt.

DER GOLDBAUM

Das Gemach, in welchem unsre Geschichte beginnt, sah sehr einfach und nüchtern aus. An den geweissten Wänden, deren einzigen Schmuck ein paar vergilbte Landkarten bildeten, standen zwei schmale Betten, ein Bücherbrett und ein Kleiderschrank, auf welchem eine Erdkugel Platz gefunden hatte. Die Mitte des Zimmers nahm ein langer, mit vielen Tintenklexen gezierter Tisch ein, und an dem Tisch sassen auf harten Holzstühlen zwei Knaben von etwa zwölf Jahren.

Der Blonde brütete über einer schwierigen Stelle des Cornelius Nepos und wälzte seufzend das schwere Lexikon; der Braune aber mühte sich, aus einer neunstelligen Zahl die Kubikwurzel zu ziehen. Der Philologe hiess Hans, der Mathematiker Heinz.

Zuweilen hoben die Knaben ihre Köpfe in die Höhe und blickten sehnsüchtig nach dem geöffneten Fenster, durch welches die Fliegen summend ein- und ausflogen. Im Garten lag goldener Sonnenschein auf Bäumen und Hecken, und wie zum Hohn blickte ein blühender Hollerzweig in das Studirzimmer der beiden Hoffnungsvollen. Noch eine Stunde mussten die Armen sitzen und schwitzen, bevor sie in's Freie durften, und die Minuten schlichen dahin wie die Schnecken an den Stachelbeerbüschen draussen im Garten. An eine eigenmächtige Abkürzung der Arbeitszeit war auch nicht zu denken, denn im Nebenzimmer sass am Schreibtisch der Doktor Schlagentzwei, dem die Knaben zur Zucht und Lehre überantwortet waren, und die Verbindungsthür stand offen, so dass der Doktor sich zu jeder Zeit von der Anwesenheit seiner Schutzbefohlenen überzeugen und ihr Treiben überwachen konnte.

„Hannibal hätte auch was gescheidteres thun können als über die Alpen zu ziehen," knirschte Hans, und „Neunmal einundachtzig ist siebenhundertneunundzwanzig," murmelte Heinz mit dumpfer Stimme. Dann blickten sie beide von ihrer Arbeit empor, schauten sich an und gähnten.

Plötzlich vernahmen sie ein lautes Summen. Ein Goldkäfer, der draussen auf dem Hollerbaum gesessen haben mochte, hatte sich in's Zimmer verirrt. Dreimal schwenkte er sich im Kreis um die Köpfe der Knaben, und dann – plums – lag er im Tintenfass.

„Eigentlich geschieht es ihm ganz recht," sagte Heinz, „Warum bleibt er nicht, wo es ihm gut geht. Aber in Tinte ersaufen, das ist doch ein zu elender Tod. Wart' Kamerad, ich werde dich retten."

Er wollte dem zappelnden Käfer mit dem Stahlfederhalter aus der Tinte helfen, aber schneller vollbrachte Hans das Rettungswerk mit dem Finger. Und dann trockneten die Knaben den armen Schelm säuberlich mit dem Löschblatt ab und sahen zu, wie er sich mit den Vorderfüssen putzte.

„Er hat einen rothen Spiegel auf dem Brustschild und schwarze Hörner," sagte Hans, indem er seinen tintengeschwärzten Finger am Haupthaar abwischte, „es ist der Goldkäferkönig. Er wohnt in einem Schloss, das ist aus Jasminblüthen gebaut und mit Rosenblättern gedeckt. Grillen und Heimchen sind seine Musikanten und Johanniswürmchen seine Fackelträger."

„Du bist ein Faselhans", „ sprach Heinz. „Und wer dem Goldkäferkönig begegnet," fuhr Hans fort, „der ist ein Glückskind. Gieb Acht Heinz, uns steht etwas bevor, ein Abenteuer oder sonst etwas Absonderliches, und heute ist noch dazu der erste Mai, da geschieht mehr als ein Wunder. Sieh, wie er uns mit den Fühlhörnern winkt und die Flügeldecken hebt. Jetzt wird er sich gleich verwandeln und vor uns stehen als Elf mit einem Königsmantel angethan und einem Goldhelm auf dem Kopf."

„Fortfliegen wird er," sprach Heinz und lachte. „Schnurr – da hast du's".

Die Knaben traten an's Fenster und sahen dem Käfer nach. In weitem Bogen durchschnitt das blitzende Kleinod die Luft und verschwand jenseits der Gartenmauer. Jetzt wurde im Nebenzimmer ein Räuspern vernehmbar, und die beiden Schüler kehrten eilig zu ihren Büchern zurück.

„Da haben wir das Wunder," flüsterte Hans seinem Kameraden zu und zeigte auf das Tintenfass.

Aus dem Tintenfass heraus ragte ein grünes Reis, das wuchs zusehends und stieg zur Decke hinan.

„Wir träumen," sagte Heinz und rieb sich die Augen.

„Nein, das ist ein Märchen," jubelte Hans, „ein lebendiges Märchen, und wir spielen mit."

Und das Reis wurde stärker und trieb Aeste und Zweige mit Blättern und Blüthen. Die Decke des Zimmers verschwand, die Wände wichen, und eine dämmernde Waldhalle umfing die staunenden Knaben.

„Vorwärts!" rief Hans und zog den wiederstrebenden Heinz mit sich fort. „Jetzt kommt das Abenteuer."

Die blühenden Gesträuche thaten sich von selbst auseinander und öffneten den Knaben einen Pfad. Gebrochen blinkte das Sonnenlicht durch das Gitterdach der Waldbäume und malte tausend goldene Augen auf das Moos, und aus dem Moos stiegen Sternblumen von brennenden Farben, und grünes, krauses Geranke schlang sich um die bemoosten Stäm-

me. Droben aber in den Zweigen flatterten singende Vögel in schimmernden Federkleidern, und Hirsche, Rehe und andere Waldthiere sprangen lustig durch die Büsche.

Jetzt lichtete sich der Wald, zwischen den Stämmen blinkte es wie Feuerschein, und Hans raunte seinem Gefährten zu: „Jetzt kommt's."

Sie betraten eine Waldwiese, in deren Mitte ein einzelner Baum stand. Aber das war kein gewöhnlicher Baum; das war der Wunderbaum, von dem Hans so oft gehört hatte, der Baum mit den goldenen Blättern. Die Knaben standen starr vor Staunen.

Da trat hinter dem Stamm ein Zwerg hervor, nicht grösser als ein dreijähriges Kind, aber nicht dickköpfig und plattfüssig, wie gemeiniglich die Zwerge sind, sondern schlank und zierlich gewachsen. Er trug einen grünen Mantel und einen Goldhelm, und die beiden Knaben wussten, wen sie vor sich hatten.

Der Zwerg trat ein paar Schritte vor und verneigte sich. „Die verzauberte Prinzessin harrt auf ihren Erlöser," sprach er, „wer von euch beiden will das Wagestück unternehmen?"

„Ich," sprach Hans mit freudiger Stimme. Und alsbald führte der Zwerg ein Rösslein heran, das war milchweiss und biss in einen goldenen Zügel.

„Thu's nicht, Hans!" mahnte Heinz ängstlich, aber Hans sass bereits im Sattel. Wiehernd stieg das Zauberpferd in die Höhe, dann warf es den Kopf zurück und rannte mit fliegender Mähne in den Wald hinein. Ein leuchtender Goldkäfer aber flog als Wegweiser voraus. Noch einmal wandte Hans den Kopf zurück und sah seinen Kameraden unter dem Goldbaum stehen; dann verlor er Baum und Freund aus dem Gesicht.

Das war ein lustiger Ritt. Hans sass so sicher und fest im Sattel, als ob er statt eines Rosses die gewohnte Schulbank unter sich gehabt hätte. Wenn er daran dachte, dass er noch vor einer Stunde beim Cornelius Nepos geseufzt und vor dem Doktor Schlagentzwei gezittert habe, musste er lachen. Der kleine Schulknabe in dem kurzen Jäckchen war zum stattlichen Reitersmann geworden mit Koller und Mantel, Schwert und Goldsporen. So flog er hin durch den Zauberwald.

Jetzt erhob sein Rösslein ein fröhliches Gewieher. Der Wald wurde licht. Noch ein paar Sprünge, und Ross und Reiter hielten vor einem schimmernden Schloss. Bunte Fahnen wehten von den Thürmen, Hörner und Trompeten schallten, und auf dem Söller stand die Prinzessin und liess ein weisses Tuch wehen. Sie sah fast aus wie Nachbars Lenchen, mit der Ritter Hans gespielt hatte, als er noch ein Knabe war und in die Schule ging, nur war sie grösser und tausendmal schöner.

Hans sprang aus dem Sattel und eilte mit klirrenden Sporen die Marmortreppe hinan. In dem geöffneten Schlossthor stand ein Mann, vermuthlich der Hofmarschall der Prinzessin, der kam unserm Hans sehr bekannt vor.

Und der Hofmarschall streckte seine Hand aus, fasste Ritter Hansen am Ohr und rief:

„Eingeschlafen ist der Schlingel. Wart' ich will dich!"

Da war der Zauber zu Ende. Hans sass wieder an dem tintenbeklexten Tisch, vor ihm lag der Cornelius Nepos und das lateinische Lexikon, ihm gegenüber sass Heinz und schrieb, dass die Feder knirschte, und neben ihm stand der Doktor Schlagentzwei und blickte durch seine Brillengläser den Träumer unheimlich an.

Als endlich die Stunde der Freiheit geschlagen hatte und die beiden Knaben draussen im Garten unter dem Hollerbaum ihr Vesperbrot verzehrten, theilte Hans seinen Freund mit, was er geträumt hatte.

„Das ist wunderbar," sagte Heinz, als Hans geendigt hatte, „höchst wunderbar. Den gleichen Traum habe auch ich gehabt. Nur der Schluss ist anders; ein Zauberschloss kommt in meinem Traum nicht vor."

„Erzähle!" drängte Hans.

„Bis zum Goldbaum stimmt mein Traum genau mit dem deinigen überein. Du stiegst auf das weisse Pferd und rittest fort, um die Prinzessin zu erlösen. Ich aber –"

„Nun?" fragte Hans gespannt.

„Ich blieb zurück, schüttelte den Baum und steckte mir alle Taschen voll goldene Blätter. Dann weckte mich der dumme Doktor, und da war es mit der Herrlichkeit vorbei."

„Heinz," sprach Hans feierlich, und fasste den Freund bei der Hand. „Wenn zwei einen und denselben Traum haben, so geht er bestimmt in Erfüllung. Der Traum war ein prophetischer. Denk' du an mich."

Dann assen die Knaben die Reste ihres Vesperbrotes auf und wandten sich dem Ballspiel zu.

Gingen die Träume der Knaben in Erfüllung? Ja. Hans wurde ein Dichter und liess sein Rösslein durch den grünen Märchenwald traben. Heinz aber, der im Traum den Goldbaum geschüttelt hatte, wurde sein Verleger.

aus: Sommermärchen

DIE STUMME KÖNIGSTOCHTER

Es war einmal ein König, der hatte einen grossen Garten. Die Wege waren mit buntem Sand bestreut, in den Nischen der Taxuswände standen Bilder aus weissem Marmor, und fremde Blumen von brennenden Farben umsäumten die Rasenflächen. In einer Grotte, die aus Marienglas und bunten Muscheln zusammengesetzt war, lag ein steinernes Ungeheuer, halb Löwin, halb Weib, und Männer mit Hörnern und Ziegenfüssen schauten grinsend aus den Buxbaumhecken hervor. In der Mitte des Gartens aber befand sich ein Wasserbekken, aus dessen Mitte sich ein Knäuel von fischschwänzigen Meergöttern erhob, die auf wasserspeienden Delphinen ritten und in Muschelhörner bliesen.

Alle Welt pries den Garten als ein Wunder, nur Eine fand an ihm kein Gefallen; das war die junge, bildschöne Königstochter. Die schamlosen Heidengötter flössten ihr Schrecken ein, und sie mied darum den Garten.

Da berief der König, der seine Tochter über Alles liebte, einen jungen Gärtner, der viele Länder durchwandert und des Herrlichen viel gesehen hatte, und befahl ihm einen neuen Garten zu schaffen an der Stelle des alten. Den wollte er der Prinzessin zum Geburtstag schenken.

Der Gärtner that sein Möglichstes, grub und schanzte, hackte und pflanzte; Sonnenschein und Regen thaten auch das Ihrige, und als das Fest herangekommen war, stand der Gärtner an der Eingangspforte und überreichte der Königstochter auf einem Teller den goldenen Gartenschlüssel. Gefolgt von der Hofmeisterin und ihren Ehrenfräulein trat die Prinzessin den Rundgang an.

Gewundene Baumgänge waren an die Stelle der Taxuswände getreten, blühende Sträucher kletterten an den Stämmen empor, und ihre Ranken hingen von oben herab und schwankten im Wind. Dann führte der Weg durch Wiesengründe vorbei an Rosenhügeln und halb versteckten Marmorbänken, über die sich blühende Hollunodersträucher neigten.

Der Königstochter hüpfte das Herz vor Freude; sie verliess den Kiesweg und sprang leichtfüssig über den Rasen, also dass ihr die Hofdamen kaum folgen konnten. Mit gemessenen Schritten aber, den Kopf zuweilen schüttelnd, ging die Hofmeisterin hinter der ausgelassenen Jugend her. Ein schwebender Rosenzweig war ihr in das gepuderte Haar gekommen; sie fand den neuen Garten abscheulich.

Jetzt näherte sich die Prinzessin der Stelle, welche früher das Marmorbecken eingenommen hatte. Dort lachte heute ein kleiner, grüner Weiher. Schilfgewächse und bunte Schwertlilien umsäumten seinen Bord, Flieder und Goldregen berührten mit ihren Blüthentrauben den Spiegel des Teiches, und auf dem Wasser schwammen weisse Neckenrosen mit grossen, herzförmigen Blättern.

„Ach wie reizend!" rief die Prinzessin aus, und die Fräulein riefen's nach.

Da geschah etwas Entsetzliches. Ein dicker, grüner Frosch, der im Schilf auf Wasserjungfern birschte, hatte das Rascheln und Rauschen der Seidengewänder vernommen, that einen gewaltigen Satz und plumpste in's Wasser, dass die Tropfen aufspritzten.

Alle schrien hellauf, und die Prinzessin sank erbleichend auf den Boden. Jetzt kam die Hofmeisterin mit beschleunigtem Schritt herbei und sah bestürzt, was vorgefallen war. Bisamäpfel und

Riechsalz waren zum Glück bei der Hand. Die Ohnmächtige kam bald wieder zu sich, aber sie hatte vor Schreck die Sprache verloren. Mit verstörten Gesichtern und zitternd vor Angst führten sie die Ehrendamen in den Palast zurück.

Die Bürger hatten der Prinzessin zu Ehren ihre Häuser mit Laubgewinden und bunten Fahnen geschmückt, aber als die Mittagsglocke läutete, entfernten sie den Schmuck, denn es ging das Gerücht, die Königstochter sei plötzlich stumm geworden.

Und das war auch leider kein müssiges Gerede. Die Prinzessin hatte sich längst von ihrem Schrecken erholt, sie nahm Speise und Trank zu sich, aber über ihre Lippen kam kein Wort. Sie hatte die Sprache verloren.

Die Aerzte kamen herbei, liessen sich den Fall erzählen, steckten die Köpfe zusammen und schrieben lange Recepte. Fügsam schluckte die Kranke Tropfen, Pillen und Latwergen. Aber die Sprache kam ihr nicht wieder.

Der ganze Hof hüllte sich in Trauer. Der alte König aber – er war sonst so mild und gut, schäumte vor Wuth. Er befahl alle Frösche in seinem Reich zu tödten und setzte auf den Kopf eines jeden Frosches einen Preis von einem Heller. Den Gärtner aber lies er in den Kerker werfen. – Was half's? Die Prinzessin blieb stumm.

Tage, Wochen und Monate vergingen. Aus allen Weltgegenden kamen Aerzte herbei. Was der eine verordnet hatte, tadelte immer der andere, aber keiner konnte der Königstochter die verlorene Sprache wieder geben. Auch weise Frauen und kluge Schäfer wurden berufen, ja sogar Meister Hämmerlein, der Scharfrichter musste herbei. Sie wandten ihre seltsamen Geheimmittel an, aber keines wollte helfen.

Unterdessen litt der arme Gärtner grosse Noth. Er hatte auf reichen Lohn gehofft, und nun lag er in Ketten und sah weder Sonne noch Mond. Es lebte ihm aber in der Heimath seine alte Mutter, das war eine kluge vielerfahrene Frau. Als sie hörte, was ihren Sohn betroffen hatte, schnürte sie ihr Bündel und wanderte nach der Königsstadt. Dort angelangt begab sie sich nach dem Kerker und bat den Schliesser mit bewegenden Worten so lange, bis er sie zu dem Gefangenen führte.

Eine halbe Stunde blieben Mutter und Sohn allein, dann hinkte die Alte fort; der Gärtner aber schritt, als der Wärter ihm den Wasserkrug brachte, mit gehobenem Haupt in seinem Haftgemach umher und pfiff ein Liedlein.

Am nächsten Tag verlangte er vor den König geführt zu werden; er besitze das Mittel, der stummen Prinzessin die Sprache wieder zu geben, behauptete er.

Die Königstochter hatte an selbigem Morgen schon viel ausstehen müssen. Erst war sie von einem fremden Doktor mit glühender Nadel gestochen worden. Da hatte sie wohl geächzt und gestöhnt, aber gesprochen hatte sie nicht. Danach war der Kranken auf Anrathen einer alten Kräuterfrau Herz, Hirn und Zunge einer Elster eingegeben worden, und das hatte ebenso wenig geholfen. Nun lag die Prinzessin bleich und matt auf dem Ruhebett und hatte vor Erschöpfung die Augen geschlossen.

Da brachten sie den Gärtner geführt. Seine Kette klirrte, aber er schritt aufrecht einher und war guten Muthes.

„Versuche deine Kunst," sprach der König, „und wenn dir die Heilung gelingt, so sollst du den grünen Crocodilorden bekommen und dazu so viel Gold, als du tragen kannst."

Der Gärtner trat an das Lager der Kranken, die sich unwillig aufrichtete, fasste ihre kleine weisse Hand und sah ihr in die müden Augen.

„Armes Königskind," sprach er dann. „So unglücklich, und erst einundzwanzig Jahre!"

Da überflog lichte Röthe das zarte Angesicht der Prinzessin, ihre Brust hob und senkte sich krampfhaft, und über ihre Lippen brachen die Worte:

„Noch nicht neunzehn!"

Die Sprache war ihr zurückgekehrt. Der König aber weinte Freudenthränen und mit ihm der ganze Hof.

aus: Es war einmal

DER ESEL UND DER KRITIKER

Im Hof des jungen Bildhauers war ein Kunstwerk ausgestellt, ein sich bäumendes Roß, welches von einer herrlichen Jünglingsgestalt am Zügel gehalten wurde. Die Skulptur war nur ein Tonmodell, das später, in Erz ausgeführt, einen Brunnen zieren sollte. Aber der berühmte Kritiker, Doktor Schmierer, hatte im Feuilleton des Tageblatts versichert, das Modell und der Karton seien weit interessanter und mehr wert als das ausgeführte Kunstwerk.

Das sprachen ihm nun alle nach, standen um die Gruppe herum und flüsterten: Reizend, magnifik, schneidig, kolossal und dergleichen.

Da stand auch der Doktor Schmierer, hatte neben sich seine schöne, junge Frau und Notizbuch und Bleistift in der Hand. Die Leute wußten zwar, daß sie seine Kritik morgen im Tageblatt zu lesen bekommen, aber es ist so interessant, einen gottbegnadeten Rezensenten beim Schaffen zu belauschen, darum drängten sie sich heran und nahmen an dem Kritiker fast mehr Interesse als an dem Werk des Bildhauers. „Sieh einmal, Elimar," sagte da die junge Frau, „Sieh einmal den niedlichen, kleinen Esel" und wies mit dem Sonnenschirm nach einem Langohr, der, an einen kleinen Wagen gespannt, nicht weit von den Brunnenfiguren stand. „Das ist ein liebenswürdiger Scherz unseres Künstlers," sagte der Kritiker, „aber," hier zog er die Augenbrauen zusammen, „ein nicht ganz gelungener Scherz. Trägt ein Esel so den Hals? Trägt er die Ohren wie ein Stallhase? Hat der Esel ein solches Kreuz? Nimmermehr. Der Esel ist mißlungen, ganz mißlungen."

Hier bewegte der Esel seine Ohren nach dem Kritiker hin, tat seinen Mund auf und sprach: „Lieber Kollege, ich bin kein Kunstwerk, ich bin ein lebendiger Esel mit Fleisch und Blut, Haar und Haut. Aber ich weiß doch nunmehr, wo es mir fehlt. Großen Dank, lieber Kollege!"

aus: Neue Märchen

Rudolf Baumbach und seine Zeit

Holger Drachmann:

Eine Zusammenkunft mit Rudolf Baumbach

…Die Bergluft ist so rein, und es gibt immer noch einen oder andern Berggipfel zu besteigen, von dem aus man gleichsam sich selbst herumschleichen sieht – tief unten zwischen Staub und Nebel.

Nein, ich vergesse Tarvis nicht; und unter den Menschen, in deren Gesellschaft ich einen solchen Berg bestieg und reine gute Luft einatmete, war auch der Dichter Rudolf Baumbach.

Ein gemeinschaftlicher Bekannter führte uns zusammen; ein je nach den Umständen „himmelhoch jauchzender" oder „zu Tode betrübter" Süddeutscher, der Arzt des Ortes, Südkärntens Konzertsänger, ein moderner fahrender Gesell, der sich zwar fest niedergelassen und seine Praxis bekommen hat, aber nichts desto weniger die erprobte Stütze des Wirtshauses oder der treue Kamerad der poetisch angelegten Reisenden ist. Es geschah denn auch vor einem Wirtshause, daß ich mit Dr. Baumbach zum ersten Male zusammentraf. Er ist seiner Zeit eine Reihe von Jahren hindurch in Triest ansässig gewesen und war wieder heraufgekommen, um die Ferien zwischen den julischen Alpen zu verbringen. Er ging bedächtig auf mich zu und begrüßte mich.(…)

Ich hatte mir das Jahr zuvor in Norddeutschland die meisten seiner Bücher angeschafft, ausgesuchte kleine Gedichtsammlungen von ganz besonderer Frische und seltenem Wohlklang, reich an Motiven aus den Zeiten des Vaganten-Lebens, mit auftretenden „Spielleuten" und „fahrenden Gesellen", durchwoben von Laune und eine feine, harmonische Natur verratend, die sich in ihrer Dichtung allerdings an große Vorbilder anlehnt, zugleich aber innerhalb ihres eigenen Gebietes gerade aus dem Leben und aus den Beobachtungen neue Ausdrucksformen für die Romantik schöpft, welche, nach Baumbachs eigenen Worten „nicht tot ist und auch niemals aussterben wird". Eigentümlich und vortrefflich ist auch seine größere epische Dichtung „Zlatorog", eine slovenische Alpensage, direkt aus den wilden Gebirgslandschaften herausgenommen, nicht weit von Tarvis, wo der majestätische Triglav mit seinen schneebedeckten Gipfeln in die Lüfte ragt. Ich hatte in seiner Lyrik echte Perlen gefunden,(…)

Einem „fahrenden Gesellen", einem herumziehenden Spielmann, woran man in Erinnerung an seine Dichtungen denken mochte, sah er ganz und gar nicht ähnlich, hingegen umsomehr einem deutschen Gymnasiallehrer, einem „Professor", aber allerdings in einer höchst gewinnenden, liebenswürdigen Form. Der erste Eindruck pflegt der entscheidende zu sein – und wenn man da nicht gerade, insoferne es sich nämlich um einen Mann handelt, beim Schnitt der Kleider sich Rats erholt oder seine Haupthaare abzählt, um auf seine vorherrschende Befähigung schließen zu können, so zeigt sich das Entscheidende vielleicht am ehesten an der Stimme, sowie an der Art, einen anzulächeln oder auch bloß anzusehen.

Und da fand ich denn, daß Baumbachs Organ selten weich und unmittelbar einnehmend war: er sprach das reine, gute Thüringer Deutsch (er ist in Meiningen geboren), aber mit einem ganz kleinen Zusatz von süddeutschem Klang - und das Süddeutsche hat nun einmal etwas Treuherziges an sich und zugleich etwas Melodiöses, das nicht vergeblich an das Ohr eines Nordländers appeliert.

Wenn er lächelte – und er lächelte oft auf eine ruhige, gemütliche Art – dann wurden seine überhaupt schon großen Augen noch offener und mitteilsamer; sie leuchteten von Intelligenz, von vielem stillen Denken, von der ganzen deutschen hohen Bildung, die man so gut verstehen lernen kann, und es guckten dann aus diesen Augen zugleich zwei stets muntere Schelme, die mich zumeist an H. C. Andersens Blick erinnerten, der etwas kindlich Neugieriges und dabei doch auch etwas sarkastisch Aufmerksames hatte. Und bei diesem Blick – vielleicht dem wenigst Lyrischen an Baumbach – fiel es mir sogleich ein, daß er zugleich ein bedeutender und origineller Prosaschriftsteller sei, und daß ich hier den Dichter der „Sommermärchen" vor mir hatte.

Wir blieben natürlich nicht vor dem Wirtshause stehen, zumal da es in Strömen regnete, wie es nur in Gebirgsgegenden regnen kann. Was das Kaffeehaus für den Franzosen und Italiener, das ist das Wirtshaus für den Süddeutschen – das alte, sehr konservative Wirtshaus mit den kleinen Fensterscheiben, dem großen Kachelofen, dem leichten, schäumenden Bier, dem angenehmen Landwein, dem Heiligenbilde an der Wand, einem alten, gutmütigen Brummbär als Wirt und des Wirtes verheirateten oder ledigen Töchtern als aufwartenden Geistern. Und der Wirt hieß der „alte Gelbfuß" und er war natürlich früher Förster; in dem großen Hausflur prangten Jagdtrophäen, in der gewölbten Küche wurde unter Fräulein Paulas'

Aufsicht auf dem Herde gebraten, im Honoratiorenzimmer ging Fräulein Kathi aus und ein, mit einem freundlichen Lächeln und einem guten Worte für jeden der bekannten Gäste, und die Gäste waren für gewöhnlich dieselben: die Offiziere des Feldjägerbataillons, der Pfarrer, der Notar, der Arzt, der Steuereinnehmer – und jetzt ausnahmsweise die beiden „Dichter".

Es regnete ununterbrochen 14 Tage, und, hielt sich Baumbach nicht bei mir in meiner Familie auf, wo er alsbald von den Kindern ebenso gern gesehen war wie von den Eltern, so waren wir beide zusammen bei „Gelbfuß". Hier saß er dann in der Umgebung, die so absolut wenigstens zu der einen Seite des Wesens seiner Muse zu passen schien, ruhig, gemütlich, mit seinem gutmütigen Lächeln und mit einer unglaublichen Menge kurzer, fein pointierter Geschichten, die sein Erzählertalent recht deutlich bekundeten und uns alle unterhielten, während gleichzeitig der Landwein aus den Gläsern verschwand und der Tabakrauch über den Tischen so dick wurde, wie die Wolken draußen über den Bergen. Hier saß er, ein schon halb grau gewordener Junggeselle mit einem kleinen Ansatz von Korpulenz – und da konnte denn bisweilen, für den aufmerksameren Beobachter, in einer seiner kurzen Geschichten ein auch in seinem Gesichte ausgeprägter Zug hervortreten, der gewissermaßen darauf hinzudeuten schien, daß vielleicht nicht an ihm die Schuld lag, wenn er noch Junggeselle war und es wahrscheinlich auch bleiben dürfte. Uebrigens berührte er niemals sein eigenes Leben – höchstens, daß er kleine Ereignisse aus den Kinder- und Jugendjahren zum besten gab, die durch ihre milde Komik befreiend wirkten. Es war so gar nichts Stolzes und Prahlerisches an ihm, und unter den übrigen Herren der Gesellschaft – die vielleicht

Alpenlandschaft bei Bellinzona

anderswo Erfahrungen gemacht hatten, hieß es bald, daß Baumbach „für einen Dichter" ein höchst leutseliger Mensch sei.(...)

Und nach dem unablässigen Regen und der Kälte hatten wir endlich entzükkendes Wetter. Die Wiesen im Tale und der unterste, nur wenig ansteigende Teil der Berglehnen waren von blumendurchwirktem Smaragdgrün bedeckt. Hoch über unseren Häuptern segelten die leichten, lichten Sommerwolken wie schimmernder Silberflor, der da und dort von einer Bergspitze aufgefangen wurde; und auf diesen Berggipfeln, sowie in den tiefen Spalten, die der Nordseite zugekehrt waren, lag noch der reine, jungfräuliche Schnee. Unzählige Vogelarten piepten und sangen in den Bäumen und Büschen längs des Gebirgsweges, der an dem Bleibergwerk Raibl vorüber hinaufführt über den berühmten Predilpaß, wo eine Handvoll Oesterreicher zur Zeit Napoleons den Heldentod fanden gegen die heranstürmenden Franzosen.(...)

Wir blieben einen Augenblick stehen und sahen hinüber nach dem alten „Königsberg", wo die Römer aus den Schächten Gold gegraben hatten, und wo man jetzt das Bleierz aus der Tiefe holt. Ungesunde, säuerliche Dämpfe entstiegen den Schornsteinen des kleinen Minendorfes. Es ist nicht gut, da drüben zu sein, wurde bemerkt. Die armen Leute sehen aus wie gelbe Gespenster, wenn sie ans Tageslicht kommen: auch arbeiten sie für einen elenden Taglohn und sterben frühzeitig! – Ich bin in den Zinnobergruben gewesen, sagte Baumbach, dort ist es, wenn möglich, noch schlechter, und ich hörte die traurigsten Erzählungen und sah die betrübtesten Erscheinungen, aber es ist mir nie eingefallen, darüber zu schreiben. Ich kann es verstehen, daß ein Mensch für

die Leute wirken, ja sich ganz opfern will, um ihr hartes Los zu mildern oder zu verbessern – aber „kunstfertig" darüber zu schreiben, gestützt auf eine noch allzuoft oberflächliche Beobachtung, dazu mangelt mir die objektive Grausamkeit, die jetzt in den großen Literaturzentren gefordert zu werden scheint. Wollen wir nicht weiter gehen?

Und wir gingen weiter und blickten hinunter auf einen tiefen, dunkelgrünen Alpensee und hinaus über Berggipfel, wo der Schnee glitzerte, bis ganz hinab über die nächsten italienischen Alpen; und dann bog der Weg im Zickzack ab, hinauf über das großartige, öde Hochplateau, wo die kleine Grenzfestung, einem Spielzeug gleich, vor den Füßen des Mangartriesen liegt, über dessen Haupt sich die Wolken verdichten und zerstreuen. Hier war es öde und wild, Raum genug selbst für die gigantischen Träume eines Beethoven! Von Zeit zu Zeit lächelte die Sonne zwischen den Wolken hindurch, dann konnte man auch die Felswände, die tiefen Klüfte unterscheiden, die sich durch den Predilpaß hinabsenkten. Einige kleine slovenische Wirtshäuser, ein paar vereinzelte Hütten, aus denen braune Alpenziegen heraus kamen, um längs der Wegränder Gras zu nagen – auch braune Kinder kamen heraus, um die Vorübergehenden um Kreuzer anzubetteln – eine kräftige, aber unfruchtbare, ernste Landschaft, rings von Bergen umrahmt, und nur spärlich bevölkert von den dunklen Slovenen, die jetzt, Greise, Männer und junge Weiber, in den niedrigen Türen standen und uns anschauten - wie wir sie.

Hierher komme ich oft, - sagte Baumbach. Das ist der Weg, der nach der Ebene hinabführt, hinab nach Triest. Hier befinde ich mich wohl. Ja, aber die Melancholie dieses Ortes, fragte ich. Baumbach lächelte still für sich hin. Wir saßen an einer Quelle, die in einem Tränktrog für Lasttiere und Menschen ausmündete. Ich zeichnete etwas in mein Skizzenbuch – und Baumbach schrieb etwas in sein Notizbuch. Als er fertig war, riß er das Blatt heraus und gab es mir.

Darauf standen die Verse:

„Drei Monden Sommer, neun Monden Schnee,
Ein Gott, ein Dach, zwei Geisen –
Die Menschen sterben vor Heimatweh,
Wenn in die Fremde sie reisen.

Zur Fastnachtszeit ein froher Tanz
Und zweimal jährlich Schlachten,
Ein volles Faß zum Erntekranz
Und Weizenbrot Weihnachten.

Die Greise loben die alte Zeit,
Die Mädchen küssen die Knaben,
Es wird geworben und gefreit,
Geboren, gestorben, begraben."

Gekürzt aus : Holger Drachmann „Kärntner Novellen"

Wilhelm Urbas:

Rudolf Baumbach in Triest und die Entstehungsgeschichte seines „Zlatorog"

Das Andenken an Baumbach, der während seiner Triester Jahre und somit in den letzten Tagen seiner Verborgenheit und in den ersten seines Ruhmes ein intimer Freund unserer Familie war, ist noch so lebendig in mir, und so oft hat mir mein Vater die Entstehungsgeschichte des „Zlatorog" erzählt, daß ich mich wohl berufen fühlen darf, einige meiner hierauf bezüglichen Reminiszenzen der Oeffentlichkeit vorzutragen.

Als mein Vater Baumbach kennen lernte, war dieser ein bemoostes Haupt aus Thüringen, sonst nichts. Als Hofmeister war er einer reichen Familie nach Triest gefolgt, und hier verblieb er, dem Hauslehrertume verfallen, auch als der Vertrag, der ihn ursprünglich in die Fremde geführt hatte, gelöst worden war. Ein bemoostes Haupt also war der kleine, zur Beleibtheit und Kahlköpfigkeit stark neigende Mann damals – und immer, dabei ein kräftiger Trinker, auch jederzeit ein fröhlicher Liebhaber des zarten Geschlechts. Diese Eigenschaften, gepaart mit einem sanften Charakter und einem liebenswürdigen Naturell, machten ihm bald Freunde in der slavisch-italienischen Stadt ... (...)

Einmal, auf einem einsamen Spaziergang durch die Weingärten des Triester Karstes, so erzählte mir mein Vater, gestand ihm Baumbach, … daß er sich insgeheim schon seit Jahr und Tag mit der Absicht trage, eine größere, zusammenhängende Dichtung zu schaffen, doch mangle ihm jede Erfindungsgabe und bei so manchem fröhlichen Versuche sei er an der Armut der eigenen Phantasie gescheitert. Da fiel meinem Vater, der ein gründlicher Kenner der slovenischen Volkssagen war und als solcher auch später zur Mitarbeiterschaft an dem Kronprinz Rudolfschen Werke „Die österreichisch-ungarische Monarchie in Wort und Bild" herangezogen wurde, zufällig die Triglav-Sage ein. Und während die beiden Männer durch die in der Herbstsonne leuchtende Campagna wieder nach Triest herabstiegen, erzählte mein Vater dem aufmerksam gewordenen Freunde die Sage von dem Hirschen mit dem goldenen Geweihe. Baumbach drückte den Wunsch aus, das Triglav-Gebiet zu besuchen, um dort an Ort und Stelle dem Zauber der Sage tiefer nachzugehen. Einige Tage darauf reisten die beiden Freunde nach dem im nördlichen Krain gelegenen Gebirge und verbrachten hier köstliche Stunden der Inspiration.

Und nun geschah etwas Sonderbares, das so recht die stille, bescheidene Art Baumbachs kennzeichnet: Monate verstrichen, ohne daß Baumbach auch nur eine Silbe über die Sache fallen gelassen hätte, welche ihn einige Tage so tief bewegt zu haben schien. Mein Vater nahm an, daß dem leichtlebigen Freunde im Grunde doch der Ernst oder die Kraft mangle, aus ungetrübter Inspiration heraus ein episches Gedicht kunstvoll aufzubauen und unermüdlich auszufeilen, und hatte schließlich, ohne Baumbach gegenüber auf die Angelegenheit noch einmal zurückzukommen, da dies ihm möglicherweise ungenehm hätte sein können, die Hoffnung längst schon aufgegeben, durch seine Anregung den Ehrgeiz des ungekannten Dichters endlich aufgeweckt zu haben.

Da, eines Tages – hier will ich meinem leider auf immer verstummten Vater das Wort geben –, „als ich gerade meine Siesta hielt, brachte das Stubenmädchen ein kleines Päckchen herein.

– „Der Herr Professor Baumbach war hier und hat das für den gnädigen Herrn abgegeben. Er läßt den gnädigen Herrn schön grüßen und wollt' ihn jetzt nicht stören. Er wird morgen auf die Nacht wieder kommen."

Ich öffnete das Päckchen und fand ein kleines zierliches Buch darin. Es trug den Titel „Zlatorog" und war bei Liebeskind verlegt."

gekürzt nach: Münchner Allgemeine Zeitung, Beilage zum 15. Oktober 1905

73

Peter Rosegger:

Rudolf Baumbach

Rudolf Baumbach lebte zur Zeit, als ich ihn kennenlernte, als schlichter Privatlehrer in Triest. Aber er war schon berühmt, hatte den „Zlatorog" schon geschrieben und sang den drei köstlichen W, dem Weibe, dem Weine und dem Wandern gar liebliche Lieder. Man besuchte ihn in seiner Weinstube um die Vormittagszeit. Es war ein schlechtbeleuchtetes, rauchiges Lokal, das eher einer geräumigen Küche ähnlich sah, als einer Wirtsstube. Es war auch schlecht besucht. Nur an einem Nebentisch saß ein Mann in schwarzer Kleidung, mit dunkelblondem Bart und einem kahlen Vorderhaupt. Es mochte wohl ein evangelischer Pastor sein, dem Aussehen nach. Er saß zurückgelehnt in den Winkel und schien behaglich vor sich hinzuträumen. Das war Rudolf Baumbach.

Bei der Vorstellung machte er nicht viel Umstände, ruhig reichte er mir seine Hand und hielt sie ein wenig fest. Da mußten die Sympathien ineinander geströmt sein, denn wir waren uns wohlgewogen von diesem Augenblicke an. Gesprochen wurde bei dieser ersten Begegnung nicht viel, bloß ein wenig über den Wein. – Welchen Wein ich mir bringen lassen sollte?

„Natürlich, diesen!" antwortete er, auf das irdene Töpfchen weisend, das vor ihm stand. Es war braun glasiert und ähnlich den Geschirren, aus welchen arme alte Frauen ihren Kaffee trinken. Als das meine kam und ich den ersten Trank tat - na, da guckte ich einmal hinein, ob das auch Wein sei. Eine dunkelrote Flüssigkeit war's, aber leicht erholte ich mich nicht von der Überraschung. Es war ein feindlicher Überfall in der

Kehle, den ich lange nicht überwinden konnte. Baumbach schlug mir lachend die Hand auf den Rücken, bis ich mich erfing.

„Freilich, wohl wird er kratzen," sagte er, „weil Sie zu wenig getrunken haben. Der kleine Schluck reizt, der große gleicht's aus. Trinken Sie nur ritterlich, es wird schon gut werden."

Und der Mann hatte recht. Beim zweiten Krug war's schon leidlich, beim dritten war es wonnig. Das ist der berüchtigte Ostraner, auch Terraner, der jeden festnagelt, so er nach dem ersten Zuge nicht auskneift. Und so saßen wir, tranken und – schwiegen. Baumbach verstand so geistreich zu schweigen. Wenn einen sein schönes ernstkluges Auge anschaute, da dichtete es ordentlich daraus hervor. Und war einem: wenn er jetzt den Mund aufmacht, so springen die Verse fix und fertig auf den Tisch. Aber er machte ihn nicht auf. Als ich einer Einladung zum Mittagessen wegen fortgehen mußte, stießen wir an, dann schüttelte er mir derb die Hand und blieb sitzen.

Später habe ich schnöden Undank verlauten lassen. „Nimm eine Maß gute Gallapfeltinte und eine Maß echte Essigessenz, menge das gut durcheinander und du hast zwei Maß Terraner." Das konnte Baumbach auf seinem Lieblingstrank nicht sitzen lassen. Zu mir kam der folgende Sang:

Ihr habt meinen Terrain geschmäht,
Dafür werdet ihr angekräht.

Sitzt am Meer ein Liederschmied,
Durstig wie ein Hummer.

Der vertreibt mit Wein und Lied
Sich des Lebens Kummer,
Singt wie Spatz und Ammerling
Auf dem Kirschbaum droben;
Selbst Herr Robert Hamerling
Thät ihn einst beloben.

Diesen jüngst ein Fremdling traf,
Gleichfalls ein Poete,
Ruhmbekannt bei Fürst und Graf
Wie bei Hans und Grete.
Und der Erste freudenreich
Zog vom Haupt die Kappe;
Vorzulesen griff er gleich
Nach der Dichtermappe.

Sprach der Gast mit ernstem Ton:
„Fort mit den Gedichten!
Eure Lieder kenn' ich schon,
Euren Wein mit nichten.
Nach des Malvasiers Genuss
Bin ich längst schon lüstern,
Den Ihr Eurem Pegasus
Träufelt in die Nüstern."

Nach der Schenke im Verein
Zogen sie von dannen,
Wo des Karstgebirges Wein
Schäumt in irdnen Kannen.
Dunkelroth, rubinenklar
Rann er aus den Spunden. -
Nach dem ersten Krüglein war
Jäh der Gast verschwunden.

Nordwärts ihn das Heimweh trieb,
Denn es ward ihm graulich.
Was er von dem Karstwein schrieb,
Klingt nicht sehr erbaulich;
Und im Stillen spricht er so:
„Sagt nicht ein Genie wo:
Tales versus facio,
Quale vinum bibo?"

Solches schreibt er freilich nicht,
Denn er will nicht kränken
Einen, der beim Karstwein dicht't,
Doch er thut sich's denken.

Seine Feder spritzt er aus,
Putzt sich klar die Brille,
Und zu einem andern Haus
Zieht der Dichter stille.

In den Krug zum grünen Kranz
Trägt er seinen Aerger,
Seinen Groll versenkt er ganz
In den Luttenberger
Und vergisst den Karstweinkrug
Bei dem Kleinoschegger.-
Wohl bekomm' Euch jeder Zug,
Wackerer Rosegger!

Triest, 12. Jänner 1885
Rudolf Baumbach.

In diesen Versen fand ich eine persönliche Ehrenbeleidigung. Es wird dreist gedichtet, daß „nach dem ersten Krüglein war jäh der Gast verschwunden". Das hat der Mann wider besseres Wissen geschrieben, denn beim zweiten Krug hat er mit mir angestoßen, schweigend aber klingend. Da war ich doch tapfer dabei! Mißlich ist es schon, daß ich erst jetzt, da der Gegner nicht mehr lebt, meine Rechtfertigung vorbringe, um so mehr, als die Tischgesellschaft beim „Krug im grünen Kranze" zu Graz, wo ich wöchentlich einmal Tiroler trinke, sich nicht zu erinnern weiß, wie ich je einmal zwei Krüge hintereinander überwältigt hätte...(...)

Meine zweite Begegnung mit Baumbach war in Thüringen. Ich hatte in Meiningen eine Vorlesung zu halten. Auf der Hinreise kam mir in Koburg ein Brief Baumbachs entgegen. Er sei vom Herzog beauftragt, mich am Tag meiner Vorlesung bei Hof zu Tische zu laden. Nun stand ich wieder einmal dort, wo ich mein Lebtag so manchmal gestanden. Ich besitze kein höfisches Kleid. Und weiß, wie schwer der Verstoß ist, wenn man ohne Frack und weiße Kra-

75

watte in den Salon tritt. Ich berichtete dem Baumbach sofort zurück, in Ermangelung eines Frackes könne ich die Einladung nicht annehmen. Aber der Bescheid ließ nicht lange warten: der Herzog habe nicht den Frack zu Tisch geladen, sondern den Rosegger, und der werde um fünf Uhr desselben Tages auf dem Schlosse erwartet. Auf dem Bahnhofe in Meiningen angekommen, war schon Rudolf Baumbach da, dessen behaglich rundliche Gestalt mir rasch entgegenkam. Er geleitete mich ins Hotel und half mir dort - die Stunde drängte - Toilette machen. Den schwarzen „deutschen Rock" fand er ja ganz gut, auch das übrige; nur der Bürste bedurfte es. Auch eine weiße Krawatte hatte er in Bereitschaft, die er mir eigenhändig umband. „So! Und jetzt noch das Haar ein bißchen glatt. Sie haben noch eins. Und nun, Jüngling, voran! An den Fürstenhof!"

Wir marschierten zu Fuß die Höhe hinan. Durch das erste Tor tretend, begann mein Begleiter einen weißen Handschuh anzustreifen, und als er merkte, daß ich nichts dergleichen hätte, blieb er stehen. „Handschuh haben sie auch keinen? Das ist nun ein bißchen fatal. Warten Sie, dafür habe ich ihrer zwei. Genehmigen Sie gütigst meinen rechten; die hohen Herrschaften werden uns hoffentlich mehr ins Auge schauen als auf die Hände. Verzeihen Sie mal!" Er streifte mir den Handschuh an. „Sehen Sie, Bruder in Apollo, das geht ja spielend leicht. Aber wo ist denn – ? Sie haben ja keinen kleinen Finger!"

„Hau," rief ich erschrocken, „der ist ja beim Ringfinger drinnen!"

„Nein, es geht nicht," sagte er resigniert. „Es geht nicht. Das Futeral ist ungefähr um das zweifache zu groß," und nahm den Handschuh wieder an sich. Es ist auch ohne gegangen. Und

zwar sehr gut. Es hätte mir leid getan, wenn des Herzogs markiger Händedruck durch Katzenleder abgeschwächt worden wäre. Der Kreis war ein kleiner: Der Herzog, seine Gemahlin, die Baronin Heldburg, die Prinzessin Marie, Baumbach und Peter ohne Frack. Gesprochen wurde von der Kunstwandertruppe „Die Meininger", ein für die deutsche Bühne so bedeutungsvolles Institut, das bekanntlich das herzogliche Paar ins Leben gerufen hatte. Die „Meininger" waren kurz zuvor in Graz gewesen und der Herzog äußerte seine Freude über den großen Erfolg, den sie in der steierischen Hauptstadt gehabt hatten. Dann kam bei Tische das Gespräch auf Vorlesereisen, auf Literatur und endlich auf den Deutsch-Französischen Krieg, aus welchem der Herzog manche packende Episode, manch heitere Geschichten zum besten gab. Baumbach schwieg die ganze Zeit, nur wenn er um irgendeine Auskunft befragt wurde, gab er klipp und klar wie ein Konversationslexikon Antwort. Sein Gesicht blieb ein stets ruhiges ernsthaftes, das sich auch bei den lustigen Anekdoten zu keinem Lächeln verzog. Baronin Heldburg bemerkte scherzend, daß der Doktor sicherlich wieder an einem Schelmenliedchen dichte, weil er ein gar so ernsthaftes Gesicht mache.

Am Abende dann, nach der Vorlesung, gab es lustige Tafelrunde im Künstlerkreise. Baumbach blieb schweigsam, war schließlich aber der, so am längsten beim Becher saß. Erst auf dem Wege in mein Hotel wurde er heiter plaudersam. Mir scheint, er war einer, „der sich nur gab zu zweien, weil mehrere Gemüt und Red' so leicht zerstreu'n". Auf jeden Fall hatte er gut schweigen, weil ja seine Dichtungen für ihn sprachen.

gekürzt nach: Peter Rosegger:
Gute Kameraden

An Rosegger

Zu seinem fünfzigsten Geburtstag 31. 7. 93

Dies Blatt soll aus dem Thüringwald
Zu einem Fünfz'ger reisen.
Wir zählen zu den Alten bald,
Doch nicht zum alten Eisen.

Meiningen.   R. B.

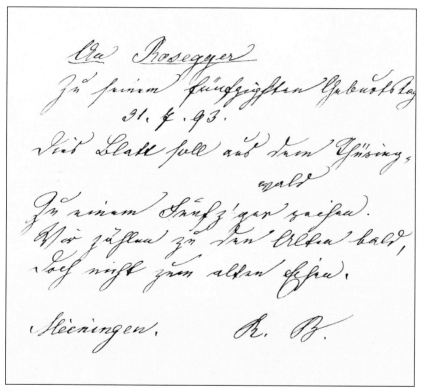

Dieser Vierzeiler wurde – ebenso wie ein Glückwunsch des Sachsen-Meiningischen Herzogs Georg II. an den steirischen Volksschriftsteller – in eine Gedenkschrift zum 50. Geburtstag Peter Roseggers aufgenommen.

Peter Rosegger an Rudolf Baumbach

„Heimgarten", Graz, 7. 10. 95

Hochgeehrter Herr und Freund!

In einer alten Nummer der „Presse" fand ich von Ihnen einen Aufsatz:
„Der verschüttete Keller." Nun frage ich recht artig an, ob ich denselben in meinem Heimgarten abdrucken dürfte. Auch hätte ich sonst gerne wieder einmal ein Lebenswörtlein von Ihnen gehört. So selten ich die Freude hatte, Sie zu sehen, so sind u. bleiben Sie mir doch auch persönlich eine gar freundliche Gestalt, der ich mich stets mit treuer Dankbarkeit erinnere.

Mit herzlichen Grüßen
Peter Rosegger

Telegramm von Johann Strauß an Rudolf Baumbach

Wien, 1. (4.?) 1888

Habe Ihren entzückenden Kaiser Max gelesen und hätte Lust ihn als Oper zu componieren. Würden sie mir freundlichst Vorrecht gewähren?

Johann Strauß.

Rudolf Baumbach aus Graz an seine Schwester

Freitag, 8. Juni 1866

Liebe Adelheid!

Herzlichen Dank für Deinen lieben Brief, der mir bewies, was ich übrigens schon von der Mutter erfahren hatte, daß Du gesund seist. Um Deinen Brief in gehöriger Reihenfolge zu beantworten, beginne ich mit der politischen Lage und Stimmung.

Es wird nöthig sein, zuvor einige Worte über die Parteien, in welche die Deutsch-Oestreicher zerfallen, zu sprechen. Es sind deren drei, die erste, die ich mit dem Namen der Alt-Oestr. Partei bezeichnen will, träumt von vergan-

gener Größe und Pracht des alten Kaiserstaates. Alles, was über die schwarz-gelbe Zollinie hinausgeht, ist ausländisch, fremd. Sie träumt von einer Verschmelzung der östreich. Nationalitäten, sie möchte Deutsche, Slaven, Ungarn u. Italiener unter einem Hut vereinigt sehen, und wird wie Carl V. spät erkennen, daß nicht zwei Uhren zu gleichem Gang zu bringen sind, geschweige Völker der verschiedensten Nationalitäten. Ihr Programm lautet: Züchtigung der Preußen u. der

Italiener, die es wagen, den Doppeladler anzugreifen. Die zweite Partei träumt von einem Aufgehen Deutschlands incl. Preußens in Oestreich unter dem habsburg. Scepter. Diese Partei ist zum Irrenhaus reif. Die dritte Partei, die in Graz stark vertreten ist, und der ich angehöre, denkt ungefähr so:

Oestreich, ein Staatencomplex aus Völkern ungleichartiger Racen zusammengesetzt ist ein Unding. Der Staat muß über kurz oder lang zerfallen entweder durch äußere Einmischung oder: durch Revolution. Die deutschen Provinzen Oestreichs sind mit Deutschland zu einem Ganzen zu vereinigen u. Preußen hat die Aufgabe, die Reformirung Deutschlands zu bewerkstelligen. Preußen aber, wie es jetzt ist, kann diese Mission nicht erfüllen. Wie kann der Deutsche Sympathie für eine Regirung haben, an deren Spitze Bismarck steht, der wie ein Gassenjunge auf dem Recht herumtrampelt, dem es gelungen ist, den Preußenhaß im übrigen Deutschland wieder zu hellen Flammen anzufachen.

Und Preußen ist in Süddeutschland verhaßt schon seit der Reformation, nicht erst seit dem 7jährigen Krieg. Dieser Satz klingt unwahrscheinlich, ist aber vollkommen richtig.

Während in Süddeutschland, vorzüglich in Oestreich die Bildung des Volkes durch die eifrigen Machinationen der römischen Kirche gehemmt wurde, blühte Norddeutschland rasch empor, und Bildung drang bis in die untersten Schichten des Volkes. Die Geistesfreiheit adelte den norddeutschen Bauern u. flößte dem schlichten Arbeiter Selbstbewußtsein ein. Leider aber schäumte der Becher über, der Norddeutsche überhob sich dem Süddeutschen gegenüber u. gab diesem die Waffe des Spottes in die Hand, Preußen u. Renommisten sind in Süddeutschland gleichbedeutend. Es sei ferne von mir, jeden Preußen als Groß-

sprecher bezeichnen zu wollen, aber gerade diejenigen Preußen, mit denen der gemeine Mann zusammenkommt, wandernde berliner Schneidergesellen, berliner Gemsenjäger, Commis Voyageurs u. dgl. gehören zu der Sorte der Großmäuligen.

Der Haß, den der gemeine Mann in Oestreich von Einzelnen auf eine achtenswerthe Nation überträgt, wird nun geschürt durch jene beiden obengenannten Parteien. Die albernsten Witzblätter erschöpfen sich in gemeinen Schimpfreden gegen Preußen, stellen das preuß. Militär als einen Haufen feiger Schneidergesellen dar und schmeicheln den oestr. Soldaten auf eine höchst unwürdige Weise.

Der Haß, der also seit alter Zeit gegen Preußen existirt, wird aber noch gefördert durch die unleidlichen Selbstüberhebungen der junkerlichen preuß. Presse, die sich in ebenso abgeschmackten Großsprechereien gefällt, wie die obenerwähnten Commis Voyageurs u. Schneidergesellen aus Berlin. Er wird ferner geschürt durch die Noth des Landes, die allerdings zum größten Theil den Friedenstörungen Preußens zuzuschreiben ist ... (...)

So ist es leicht erklärlich, woher der „Fanatismus" der oestr. Völker kommt. Ein fanatischer Feind aber ist furchtbar.

Graz ist der Mittelpunkt für die Werbung des Freicorps, Alpenjäger genannt. Studierende, Beamte, u. dgl. treten in die Armee ein. Comite's zur Ausrüstung u. Unterstützung des Militärs tauchen aller Orten auf – in Preußen aber – wo ist da Kriegsbegeisterung? Etwa bei der unberufenen Landwehr? Nur bei den Junkern u. dem Offizierkorps. Was nun die Armee betrifft, so ist sie gewiß kein zu verachtender Gegner. Die Verpflegung (durch Schaden wird man klug) ist nicht wie im letzten italienischen Feldzug, sondern ausgezeichnet. Die Bewaffnung ist praktisch, die Mannschaft siegesgewiß. Alle inneren Zwistigkeiten, die Nationalitätsstreitigkeiten schweigen, die Ungarn freuen sich auf die preußischen Schneidergesellen, wie sie die preußischen Husaren nennen, einhauen zu können. Die Begeisterung ist keine künstlich erzeugte. Das, was ich hier schreibe, ist nicht ohne Ueberlegung oder ohne Kenntniß der Verhältnisse geschrieben…(…) Wenn aber König Wilhelm, der Eroberer selbst den Oberbefehl über sein Heer übernehmen sollte, so werden ungarische Husaren am Ende doch im Kroll'schen Etablissement Czardas tanzen, was diese Herren stark Willens sind.

Soviel von der Politik.

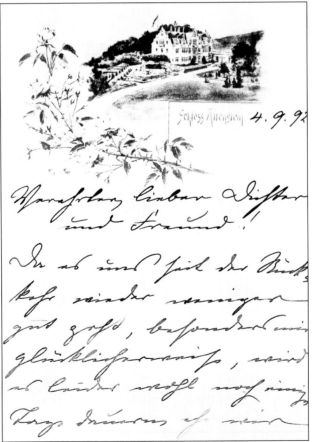

„Verehrter, lieber Dichter und Freund!" – Erste Seite einer Briefkarte Helene von Heldburgs an Rudolf Baumbach vom 4. 9. 1892. Nicht nur der Herzog, sondern auch seine dritte Gattin pflegte ein vertrautes Verhältnis zum heimgekehrten „fahrenden Gesellen".

Helene von Heldburg an Rudolf Baumbach

Diskret!   16. 1. 88

Lieber Dichter,

Gelt, Sie sind neugierig, was ich Ihnen zu schreiben habe? Es ist auch danach! Zuerst also, ich schreibe, statt Sie um einige Minuten Gehör zu bitten, um es Ihnen leichter zu machen, mir event. nein zu sagen; dann die festeste Versicherung, daß ich Ihnen trotz des „Nein" ganz ebenso gut bleibe, wie bisher, also sehr gut. Nun zur Sache selbst: ich möchte aus verschiednen Gründen gern lateinisch lernen. Theilweise brauche ich es wie das liebe Brot beim Lesen mancher Sachen, dann habe ich überhaupt Spaß am Lernen u. besonders an Sprachen , die mir leicht werden. Wollen sie mir den nöthigen Unterricht angedeihen lassen? Ich will ihn ganz ernstlich betreiben und möchte in erster Zeit täglich eine Stunde haben. Paßte Ihnen, wenn Sie sich überhaupt darauf einlassen wollen, besser von 10 – 11 oder von 3 – 4? Auch von 11 – 12 wäre mir recht, aber da sitzen Sie wohl beim Sohn Ritter?* Da in Geldsachen die Gemüthlichkeit aufhört, sage ich Ihnen gleich, daß Sie mir erlauben müßten, Sie zu honorieren. Wäre Ihnen 1 Thaler pro Stunde recht? Nun nur ein offenes Ja oder Nein, und in ersterem Falle die Notiz auf ein Blättchen geschrieben, ob wir morgen anfangen können, wann, und die Bitte, nur die nöthigsten Bücher zu besorgen. Mit der weiteren Bitte, in keinem Falle von der Sache zu sprechen Ihre herzl. ergebene

Heldburg

* Ritter: Meininger Weingaststätte

Telegramm von Herzog Georg an Rudolf Baumbach

Königsee 1887, 7. 6.

Es ist hier so schön, dass wir uns täglich sagen, es müsse einem Naturfreund wie Sie sind ausserordentlich gefallen - wir haben bis Ende nächster Woche noch Gaststübchen frei - wenn Sie nichts besseres vorhaben so machen Sie sich baldmöglichst am besten schon morgen auf,…

Rudolf Baumbach an seine Mutter

Liebe Mutter!

Seit gestern Abend sitze ich in dem bewußten Häuschen am Königssee. Nach heißer Fahrt traf ich unweit der Ortschaft Königssee den Herzog und seine Frau, die mir entgegengekommen waren, und dann ging's sofort in den Kahn. Ohne einen tüchtigen Regenguß ging's natürlich nicht ab, und so kamen wir denn durchnäßt in der Hütte an. Abendspaziergang. Opulentes Nachtmahl. Der Feiertag (Frohnleichnam) hatte eine Anzahl Holzknechte und Sennerinnen zusammengeführt, die mit Bier bewirthet wurden. Dann wurde gesungen, getanzt und gespielt und zwar in der Küche. Es war sehr lustig. –

Nachtruhe, Morgenspaziergang, Frühstück. Leider ist der Himmel stark umzogen und erneutes Regenwetter in Aussicht ...(...)

Ueber die Dauer meines hiesigen Aufenthaltes kann ich noch nichts bestimmtes angeben; ich werde heute einmal sondieren, wie lange man mich hier zu beherbergen beabsichtigt.

Mit herzlichen Grüßen an die Schwestern

Dein getreuer Sohn Rudolf.

Liebe Mutter!

Hier schicke ich die Photographie des Ortes, an dem ich mich zur Zeit aufhalte; links das Häuschen, daneben ein schöner alter Baum.

Heute – es ist gegen Mittag – regnet es unaufhörlich. Gestern Vormittag wurde vom Herzog eine ziemlich anstrengende Bergtour vorgeschlagen. Wir drangen bis zu einem Schneefeld vor, und ich kam sehr erschöpft zurück.

Nachmittags machten wir zu dritt eine kleine, minder anstrengende Partie und kehrten in einer Sennhütte ein. Die Herrschaften sind hier außerordentlich beliebt und lassen es an Liebenswürdigkeit ihrerseits nicht fehlen. Man will mich acht Tage hier behalten. Hoffentlich reicht meine Wäsche so lange aus...

Mit herzlichen Grüßen Dein Rudolf.

Liebe Mutter!

Infolge veränderter Dispositionen und freundlichem Zureden bleibe ich nun bis zum zwanzigsten d. Mts bei meinen gastlichen Hüttenbewohnern. Große Wäsche wird in Berchtesgaden abgehalten.

Gestern waren wir in der Ramsau und auf einem Jagdschlößchen hinter der Wimpachklamm. Es war eine heiße, aber sonst sehr angenehme Partie. Leider hat Frau v. Heldburg häufig durch

Blutwallungen zu leiden und ihr Zustand erregt dann großes Mitleid. Trotz dieser Zufälle aber und der Schlaflosigkeit, die sie gleichfalls quält, erträgt sie die größten Anstrengungen spielend. Namentlich wundere ich mich über ihre Ausdauer im Rudern. Gestern hat sie den Kahn zweimal über die ganze Länge des Sees gefahren, das sind zwei Stunden hin und ebensoviel zurück. Und dazu mehrstündige Wanderung, fortwährend Unterhaltung usw. Der Herzog ist sehr wohlauf und, wie ich mich überzeugt habe, ein Mann von bedeutender Körperkraft, der alle Strapazen spielend überwindet. Auch ich mache mich leidlich. Ich muß früh aufstehen, damit mein an das Speisezimmer grenzendes Zimmer in Ordnung gebracht werden kann, bevor man zum Frühstück schreitet. Dann wird gut gefrühstückt und abgefahren. Bleiben

wir über Mittag zu Hause, so wird zwischen eins und zwei gespeist. Das Abendessen findet je nach dem Zurückkommen statt. Dann folgt noch ein stilles Lesestündchen bis 10 ½ Uhr und dann Schlaftrunk und traumloser Schlaf. Der Verkehr ist zwanglos, die Unterhaltung wechselnd und lebhaft.

In der nächsten Woche findet das Richtfest der Villa statt, die sich Prinzeß Marie in Berchtesgaden bauen läßt. Die Prinzeß wird in der Begleitung ihrer Hofdame, des Hofpredigers Schaubach und dessen Tochter erscheinen. Letztere wird dann als Gast bei der Freifrau bleiben...(...)...

Und hiermit sage ich dir und den Schwestern Lebewohl.

Dein treuer Sohn
Rudolf.

Salzburg 24. 6. 87

Liebe Mutter!

Seit gestern Abend um 6 Uhr 22 Minuten bin ich wieder Herr über mich selbst. Gestern habe ich den allerschwersten Tag gehabt. Ich habe die Prinzeß Marie mit ihrer Begleitung in Salzburg herum- und auf den Gaisberg hinaufgeführt, und heute strecke ich alle Viere von mir wie eine lebensmüde Kröte. Wenn ich ganz aufrichtig sein will, so muß ich aber doch gestehen, daß die viele Plage, die ich in den letzten vierzehn Tagen gehabt habe, reichlich aufgewogen worden ist durch die überaus liebreiche Behandlung, die mir von Seiten des Herzogs, seiner Frau und der Prinzeß zu Theil geworden ist. Fürstliche Personen ahnen eben nicht, daß Unsereins auch Stunden der Ruhe nöthig hat, weil sie selbst von Kindesbeinen an ein unruhiges Leben gewohnt sind. Das Vertrauen, welches der Her-

zog in meine Verschwiegenheit setzt, gebietet mir, auch Dir gegenüber die Seelenkämpfe zu übergehen, die der von seinen besten Freunden hintergangene Mann zu bestehen hat. Die Stunden, in denen er sein Herz vor mir erleichtert hat, werden nachhaltig auf mich wirken. Er hat mir sein ganzes Leben entrollt, und ich empfinde inniges Mitleid mit dem armen Mann, der ein warmes Herz besitzt und so unglücklich in der Wahl seiner Freunde gewesen ist.

Frau von Heldburg leidet noch immer. Ich kenne nun auch den wahren Grund ihrer Krankheit, der in der Natur des Weibes zu suchen ist, das sich den fünfziger Jahren nähert. Zu verwundern ist nur, daß diese Frau ganz ungeheuerliche Strapazen überwinden kann. Auf den gefährlichsten Gemsensteigen, wo ich mich an den Bergstock anklammerte und die Augen von der Tiefe wenden mußte, geht sie ohne Stock, leichtfüßig, lachend und singend. Dann rudert sie zwei Stunden lang unausgesetzt und ist nach der Zurückkunft die aufmerksamste Hausfrau. Freilich knickt sie dann geistig plötzlich zusammen und ist ein Bild des Elends.

Gustel Schaubach II. und ihr Vater, die beide zum erstenmal die Alpen gesehen haben, waren ganz aus dem Häuschen und schließlich so abgespannt, daß sie nicht mehr die Köpfe gerade halten konnten. Der Herr Oberhofprediger sah beim Abschied aus wie eine verwelkte Theerose …(…)…

Mit herzlichen Grüßen an die Schwestern

Dein treuer Sohn
Rudolf.

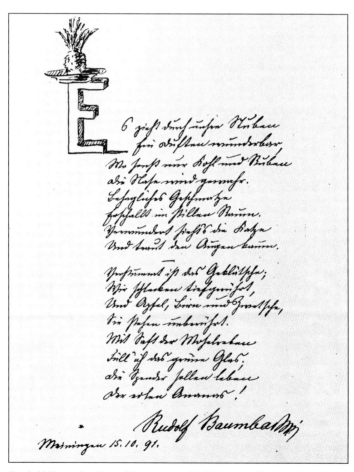

Rudolf Baumbach an Helene von Heldburg und Georg II. vom 15. 10. 1891.

Rudolf Baumbach an Helene v. Heldburg und Georg II.

Es zieht durch unsre Stuben
Ein Duften wunderbar,
Wo sonst nur Kohl und Ruben
Die Nase wird gewahr.
Behagliches Geschmatze
Erschallt im stillen Raum.
Verwundert sieht's die Katze
und traut den Augen kaum.

Verstummt ist das Geklätsche;
Wir schlecken tiefgerührt,
Und Apfel, Birn und Zwetsche,
Sie stehen unberührt.
Mit Saft der Moselreben
Füll 'ich das grüne Glas;
Die Spender sollen leben
Des edlen Ananas!

Rudolf Baumbach
Meiningen 15. 10. 91

Georg II. an Rudolf Baumbach

Schloß Altenstein, 16. 10. 91

Lieber Baumbach!

Ueber Ihre Verse haben wir uns sehr gefreut. Mehr noch als Ihre Verse bewundere ich Ihre Zeichnung ... mit Teller und Ananas darauf. Daß Sie auch Zeichenkünstler sind, habe ich nicht gewußt. Daß Sie die schönsten Verse machen können ist nichts Neues, daß Sie aber Stilleben so naturgetreu entwerfen können, frappiert, und erleben auch Sie in diesem Falle, daß das Beiwerk dem Hauptwerk schadet; denn es zieht die Aufmerksamkeit des Publikums, für das die Verse bestimmt sind, zu sehr auf sich in echt „meiningischer" Weise!

Möge auf die Ananas bei Niemandem von Ihnen eine Indisposition gefolgt sein. Apropos: Am Abende Ihrer schleunigen Retirade nach Hause erlegte ich nicht gar weit vom Bleßhaus jenen Riesenhirsch, von dem Ihnen vorschwärmte

Nebelsternen gehört.Im ersten Falle hätte ich nichts dagegen, wenn die Dame in einem Concerte klavicimbelte. Bitte, nennen Sie ihm die Gattin des Widmungslustigen. –
Später:
meine Frau fühlte ein menschliches Rühren! Sie hat mich breit geschlagen, die Stern unter allen Umständen in einem Concerte das Klavier schlagen zu lassen, auch weil Stern mit O. Ludwigs zusammenhängt. Teilen Sie dies ihn wahrscheinlich betrübende Faktum mit, nicht aber, daß meine Frau mich windelweich geschlagen habe. –

D. O.

* Frau Stern: Gattin des Literaturhistorikers Adolf Stern, vgl. S. 46

Ihr treuer Georg

Steinbach wird wissen, ob Frau Stern* ein Stern erster Größe ist oder zu den

Rudolf Baumbach an Helene von Heldburg

Meiningen, 24. 04. 1892

Gnädigste Frau!

„Es wird immer ärger," sagte mein kleiner Neffe, als er seine vielen Weihnachtsgeschenke musterte, und ein Gleiches hätte ich beinahe ausgerufen, als ich die Lorbeer- und Blumensendung, die alle früheren übertrifft, aus ihrer Hülle schälte. –

Empfangen Sie, gnädige Frau Baronin, die Versicherung unseres freudigen Dankes und unsere Ergebenheit. (…)

Seit gestern träufelt der lange ersehnte warme Regen, die Rosenflächen des Schloßgartens sind smaragdgrün, und die rothen Röcke der Marstallbediensteten liefern die nöthige Ergänzungsfarbe. Das Gras wachsen zu hören, ist heute keine Kunst; sogar der lustwandelnde Schaumann hört es.

Es gibt aber auch Leute, denen der Regen nicht gelegen kommt, insbesondere nicht den Antisemiten, die heute Nachmittags auf der Kuhwiese bei Obermaßfeld tagen wollen.

Ich wünsche den Herren nasse Füße und tüchtigen Schnupfen, aber mein christlich frommer Wunsch wird nichts helfen, denn dem hartgesottenen, unverfrorenen Volk geschieht so leicht nichts.

Daß der Kaiser bei Wasungen Auerhähne geschossen hat, dürfte bekannt sein. Nach der ersten Jagd, auf der er nur einen Hahn erlegt, soll er mißvergnügt geäußert haben, er habe mehr erwartet. Da habe einer der Jäger gesagt: „Majestät reden zu viel."

Mit diesem schlechten Witz und erneutem Dank empfehle ich mich und zeichne mit schuldiger Ehrerbietung

Rudolf Baumbach

Telegramm Nr. 376. An den Dichter Rudolf Baumbach

Altenstein, 1897, den 28. 9.

Wir haben eben auf Ihr Wohl getrunken und senden Ihnen der Wünsche wärmste und herzlichste für ein glückliches Lebensjahr. Möchte Ihre Gesundheit sich immer mehr festigen zur Freude aller Ihrer Freunde. Mit der Bitte, auch Ihrer verehrungswürdigen Frau Mutter unsere Glückwünsche auszusprechen grüßen Sie herzlich

Georg und H. Heldburg

86

Preis dieser Nummer 30 Goldpfennig.

Der Werrabote

Meininger Chronik

Erscheint
wöchentlich einmal,
Sonnabends

Redaktion und Geschäftsstelle: Meiningen, Klostergasse Nr. 2
Für die Redaktion verantwortlich: Karl W. Gerig in Meiningen.

Telegramm-Adresse:
„Werrabote"
Fernsprecher Nr. 85

Druck und Verlag: Keyßner'sche Hofbuchdruckerei (Karl W. Gerig), Meiningen. — Mitglied des Vereins Deutscher Zeitungsverleger.

Nummer 59   Meiningen, 27. September 1924.   22. Jahrgang

Baumbach-Nummer

Wie meine Baumbach-Biographie entstand. / Von Dr. Alfred Selka.

Es war im Jahre 1911, als ich mit meiner jungen Frau von unserer Sommerfrische Velden am Wörthersee eine Partie auf den berühmten Predilpaß, welcher damals an der Grenze zwischen Kärnten und Italien lag, zu machen beabsichtigte. Zu diesem Zwecke fuhren wir zunächst nach dem alten, bereits den Römern bekannten Städtchen Tarvis, welches inmitten einer grandiosen Alpenwelt eingebettet ist. „Weißt du," sagte meine Frau, die von ihrem wiederholten Aufenthalt in Kärnten dieses Gebiet glänzend kannte und den besten Cicerone für mich abgab, „wir wollen, bevor wir mit der Fußwanderung beginnen, den Gelbfuß aufsuchen. Das ist das bekannte Gasthaus, wo Rudolf Baumbach wiederholt gewohnt hat. Er sollte auch die Wirtstochter verehrt haben, und noch jetzt wird ihr Stammbuch gezeigt, worin er ihr seine Verse hineingeschrieben hat." Dieser Dichter mit seinem naturfreudigen Herzen

Rudolf Baumbach

war der Lieblingspoet meiner Frau, und was das sonnige Naturkind, das neben mir in Dirndltracht leichtfüßig einherschritt, beim Zauber der geliebten Kärntnerberge empfand, dem hatte der Dichter den treffendsten Ausdruck verliehen. Also Baumbach, der fröhliche fahrende Geselle, dessen Gedichte in roten goldgepreßten Bändchen in der kleinen Bibliothek meiner Frau standen, hatte hier geweilt. Bis zu diesem Zeitpunkt hatte ich nicht das Geringste aus seinem Leben gewußt, und es sollten noch viele Jahre vergehen, bis ich mehr über ihn erfuhr. Wir traten in den reinlich gehaltenen geräumigen Gasthof „zum Gelbfuß" und verzehrten in den schattigen Garten, von einer hübschen, schwarzäugigen Kellnerin bedient, unser Frühstück. Es war ein herrlicher Sommermorgen und die frische, würzige Luft, die von den Bergen strich, versetzte uns in eine wohlige Stimmung. Das Stammbuch bekamen wir zwar nicht zu sehen, da die Wirtin, welche

dasselbe verwahrte, nicht anwesend war, aber an den Wänden der Gaststube hingen einige eingerahmte Gedichte Baumbachs in Manuskript, die wir freudig lasen. Ein Klavier stand ebenfalls im Zimmer und auf dem aufgeschlagenen Notenpult lag ein Studentenliederpotpourri, welches ein Wiener Kapellmeister zusammengestellt hatte. Wie ein Gruß aus meiner Studentenzeit, aus meiner Heimat dünkte mich dies und unwillkürlich schlug ich die Tasten an. Diese alten, trauten, oft gehörten Weisen, in welchen ewige Jugend blüht, wie wirkten sie zündend und ich glaube, daß ich sie nie mehr mit solcher Begeisterung gespielt habe wie damals. Und als wir hierauf beide nach dem grünen Raiblersee aufbrachen, dessen Forellen bereits Meister Baumbach mundeten, so erfüllte uns ein still beseligendes Gefühl. Wir hatten unbewußt ein Stück Poesie in diesen, durch die Manen des Dichters geweihten Räumen erlebt und ahnungslos schritten wir auf seinem Lieblings-Weg durch die Schlitzaschlucht am Raiblersee vorbei auf den Predil. Erst einige Zeit später war es uns vergönnt, das Stammbuch kennen zu lernen. Die Wirtin, eine Anfangs der 50 Jahre stehende kleine Dame, deren Scheitel bereits von Silberfäden durchzogen war, brachte uns dasselbe. Unwillkürlich entschlüpfte mir die Frage: „Baumbach soll einst die Wirtstochter verehrt haben? Wissen Sie, wo dieselbe sich befindet?" „Ja, die bin ich" erwiderte sie mit freundlichem Lächeln und ein stilles Erinnern huschte über ihre Züge. Wir aber ging der Spruch „tempora mutantur" durch den Sinn. Die Poesie der Jugend war verflogen und die Prosa des Alters und Alltags blieb zurück. Die freundliche Frau zeigte uns dann in dem Stammbuch manch klangvollen Namen. Neben Baumbach hatte sich der Dichter Holger Drachmann

Baumbach-Bibliographie (Auswahl)

Werke von Rudolf Baumbach:

Angegeben ist jeweils das Jahr der Erstauflage. Nachauflagen, spätere Auswahlbände, nicht autorisierte Ausgaben, und nur in Zeitungen bzw. Zeitschriften erschienene Einzelwerke wurden nicht berücksichtigt.

Gedichte:

Enzian – Ein Gaudeamus für Bergsteiger.
3 Bände. Liebeskind Leipzig. 1875 – 77.
Mit Lyrik- und Prosabeiträgen anderer Autoren.

Lieder eines fahrenden Gesellen.
Liebeskind Leipzig. 1878.

Neue Lieder eines fahrenden Gesellen.
Liebeskind Leipzig. 1880.

Spielmannslieder.
Liebeskind Leipzig. 1881.

Von der Landstraße.
Liebeskind Leipzig. 1882.

Mein Frühjahr.
Liebeskind Leipzig. 1882.

Schildereien aus dem Alpenlande.
Liebeskind Leipzig. 1882.

Wanderlieder aus den Alpen.
Liebeskind Leipzig. 1883.

Abenteuer und Schwänke.
Liebeskind Leipzig. 1883.

Krug und Tintenfaß.
Liebeskind Leipzig. 1887.

Thüringer Lieder.
Liebeskind Leipzig. 1891.

Der Gesangverein Brüllaria.
F. A. Ackermann München. 1893.
Mit Illustrationen von Ludwig Bechstein d. J.

Bunte Blätter.
Liebeskind Leipzig. 1897.

Versepen:

Zlatorog.
Liebeskind Leipzig. 1876.
Frau Holde.
Liebeskind Leipzig. 1880.

Horand und Hilde.
Liebeskind Leipzig. 1881.

Der Pathe des Todes.
Liebeskind Leipzig. 1884.

Kaiser Max und seine Jäger.
Liebeskind Leipzig. 1888.

Prosa:

Truggold.
A. Goldschmidt Berlin. 1878.

Sommermärchen.
Liebeskind Leipzig. 1881.

Erzählungen und Märchen.
Liebeskind Leipzig. 1885.

Es war einmal.
Liebeskind Leipzig. 1889.

Neue Märchen.
Liebeskind Leipzig. 1892.

Aus der Jugendzeit.
Liebeskind Leipzig. 1893.

Literatur über R. Baumbach:

Bartels, Adolf:
Geschichte der deutschen Literatur.
2. Band, S. 621 ff., E. Avenarius Leipzig. 1902.

Diez, Erhard:
Rudolf Baumbach. Ein Beitrag zum Leben und
Schaffen des Dichters.
F. W. Gadow und Sohn Hildburghausen. 1933.

Drachmann, Holger:
Eine Zusammenkunft mit Rudolf Baumbach.
In: Kärntner Novellen.
G. H. Meyer Leipzig. 1897.

Fuchs, Karl:
Rudolf Baumbach. Eine Studie.
Liebeskind Leipzig. 1898.

Kugy, Julius:
Dr. Rudolf Baumbach. Eine Studie.
In: Aus vergangener Zeit.
Leykam Graz. 1943.

Mailly, Anton von:
Baumbach und der Dichterkreis an der Adria.
In: 2. Jahresgabe der Baumbach-Gemeinde.
Keyßner Meiningen. 1940.

Meß, Friedrich:
Rudolf Baumbach.
In: Thüringen 10/1927.
Weimar. 1927.

Pazze, Peter A.:
Chronik der Section Küstenland des Deutschen und
Österreichischen Alpenvereins, 1873 – 1892. Selbstverlag der Section
Küstenland
Triest. 1893.

Rosegger, Peter:
Eine Wallfahrt ans Meer.
In: Heimgarten Jg. IX, S. 288 ff.

Leykam Graz.
Rosegger, Peter:
Vom schweigenden Sänger.
In: Heimgarten Jg. XXX, S. 184 ff.
Leykam Graz.

Rosegger, Peter:
Rudolf Baumbach.
In: Gute Kameraden. Gesammelte Werke. Band 36.
L. Staackmann Leipzig. 1924.

Seifert, Andreas:
Die liebenswürdige Oberflächlichkeit.
Vier Kapitel über Rudolf Baumbach.
Staatliche Museen Meiningen. 1987.

Selka, Alfred:
Rudolf Baumbach. Ein Lebensbild.
Keyßner Meiningen. 1924.

Stern, Adolf:
Rudolf Baumbach und Heinrich Seidel.
In: Studien zur Litteratur der Gegenwart.
V. W. Esche Dresden. 1895.

Werrabote:
Baumbach-Nummer vom 27. 9. 1927, 22. Jg., Nr. 39.
Keyßner Meiningen.